Die Kaukasus-Kost der Hundertjährigen

Monika Buttler

Die Kaukasus-Kost der Hundertjährigen

Rezepte für ein langes Leben

Urania

Im Urania Verlag zum Thema erschienen:

Susanne Ahrndt:
Verborgene Heilkräfte in der Nahrung
ISBN 3-332-00514-6

Sonja Carlsson:
Schön und schlank mit Trennkost
ISBN 3-332-00573-1

Abkürzungen

EL = Esslöffel
TL = Teelöffel
MS = Messerspitze
l = Liter
ml = Milliliter
kg = Kilogramm
g = Gramm
ca. = circa

Die Deutsche Bibliothek – CIP-Einheitsaufnahme
Buttler, Monika:
Die Kaukasus-Kost der Hundertjährigen : Rezepte für ein langes Leben / Monika Buttler. - Berlin : Urania, 1999
  ISBN 3-332-00516-2

ISBN 3-332-00516-2
© 1999 by Urania Verlag in der Dornier Medienholding GmbH, Berlin

Die Verwertung der Texte und Bilder, auch auszugsweise, ist ohne Zustimmung des Verlags urheberrechtswidrig und strafbar. Dies gilt auch für Vervielfältigungen, Übersetzungen, Mikroverfilmungen und für die Verarbeitung mit elektronischen Systemen.
Die Ratschläge in diesem Buch sind von Herausgeber und Verlag sorgfältig erwogen und geprüft, dennoch kann eine Garantie nicht übernommen werden. Eine Haftung des Herausgebers bzw. des Verlags und seiner Beauftragten für Personen-, Sach- und Vermögensschäden ist ausgeschlossen.

Umschlaggestaltung: Behrend & Buchholz, Hamburg
Titelbild: Hans Dieter Kellner, Ursula Sonnenberg, Hamburg
Fotos: Egbert Burmester, Berlin (S. 22-26, 28-32). Wir danken der Botschaft von Georgien in Bonn für die freundliche Überlassung von Bildmaterial.
Lektorat: Dr. Marianne Jabs
Gestaltung und Satz: Typografik & Design – Ingeburg Zoschke
Druck: Magdeburger Druckerei
Printed in Germany
Gedruckt auf alterungsbeständigem Papier mit chlorfrei gebleichtem Zellstoff.

Inhalt

Wer sind die Kaukasier?	6
Das Land der Hundertjährigen	8
Schätze wie im Garten Eden	11
Die Grundlagen der kaukasischen Küche	13
Kulinarische Besonderheiten der Kaukasus-Regionen	17
Feste feiern, Musik und Tanz	19
Kaukasisches Festmenü	22
Zakuski-Tafel	27
Erotisches Menü	28
Kaukasische Rezepte für jeden Tag	33
Frühstück	33
Getränke	35
Vorspeisen	36
Suppen	39
Eintöpfe	42
Salate	44
Gemüse	47
Eingelegtes	49
Fleischgerichte	50
Fisch	52
Desserts	56
Gebackenes	58
Die 14-Tage-Entschlackungskur	60
Erotisierende Nahrungsmittel	72
Heilkräftige Pflanzen und Gewürze	76
Fachausdrücke und Bezugsquellen	79
Rezeptverzeichnis	79
Literatur	80

Wer sind die Kaukasier?

Sie werden über hundert Jahre alt, sind ungewöhnlich gesund und bis ins hohe Alter liebes- und zeugungsfähig: die Menschen im Kaukasus. Jenem Mittel- bis Hochgebirge, das Europa von Asien trennt und sich zwischen Schwarzem und Kaspischem Meer erstreckt. Wir Europäer nennen die Bewohner der Region pauschal Kaukasier, eine Bezeichnung, die sie selbst jedoch nicht so gern hören. Denn hier leben, nationalbewusst und auf Autonomie bedacht, die unterschiedlichsten Völker zusammen: Inguschen, Tschetschenen, Abchasen, Adscharen, Osseten, Daghestaner, Nachitschewaner und viele andere. In heftige Rivalität verstrickt, würden sie ihre in Jahrhunderten bewahrte Eigenart möglichst in unabhängigen Mini-Staaten zementieren.

Heute, nach dem Untergang der alten Sowjetunion, ist diese Völkervielfalt auf die drei 1991 unabhängig gewordenen Kaukasus-Republiken verteilt: Georgien im Nordwesten mit einer Grenze zum Schwarzen Meer, Armenien im Südwesten und Aserbeidschan im Südosten, begrenzt vom Kaspischen Meer. Für unser Kaukasus-Thema gehört natürlich auch

Eine bunte Mischung von Völkern …

… mit ausgeprägter Individualität und stolzer Geschichte.

das südlich gelegene Iranisch-Aserbeidschan mit der Hauptstadt Täbris dazu.

In Georgien mit der Hauptstadt Tiflis leben 5,5 Millionen Menschen, in Armenien (Hauptstadt Jerewan) 3,7 Millionen, in Aserbeidschan (Hauptstadt Baku) 7,5 Millionen.

Das bunte Bild in Sitten und Gebräuchen und die Verschiedenartigkeit, auf der Georgier, Armenier und Aserbeidschaner bestehen, hat weit zurückreichende historische Wurzeln. Perser, Byzantiner, Römer, Araber, Mongolen, Türken und Russen beherrschten die Region, wurden aber auch wieder zurückgedrängt oder assimiliert. Georgier und Armenier sind Christen, die Aserbeidschaner Muslime. Die Sprache der Georgier gehört zu einer eigenen südkaukasischen Sprachfamilie, die der Armenier (mit den unterschiedlichen Landessprachen Ost- und Westarmenisch) zu einem Zweig der indoeuropäischen Gruppe. Die Aserbeidschaner sprechen eine Turksprache.

Aus vielen historischen Wurzeln gespeist: die Kaukasus-Kost

Die sprachliche Mischung der Kaukasusvölker spiegelt sich auch in manchem Rezeptausdruck: So verrät in der armenischen Küche das Wort Tarhana (eine Jogurtpaste, s. S. 79) den türkischen Einfluss aus der Zeit, als im Ostteil der Türkei Armenier lebten, während Tahina (Sesampaste, s. S. 79) dem arabischen Speisezettel entlehnt ist. Aus Russland stammt der Rote-Bete-Kohl-Eintopf Borschtsch (s. S. 43), der in alle kaukasischen Küchen Eingang gefunden hat. Der aserbeidschanische Eintopf Dizi (Lammfleisch mit Kichererbsen, s. S. 42) hat wiederum das iranische Essen bereichert und ist dort als Abguschd bekannt.

Viele Sprachen, viele Eroberer.

Alt werden bei bester Gesundheit.

Ist das Tapaka-Hähnchen (s. S. 54) nun ein armenisches oder georgisches Gericht? Die Beteiligten können sich darüber richtig streiten, und als Europäer gerät man dabei ganz schön zwischen die Fronten. Dabei macht doch gerade das Verbindende bei aller Vielfalt den Reiz aus. Zum Beispiel in einem türkischen Restaurant zu sitzen und in Köfte (Fleischklöße) eine Variante der aserbeidschanischen Kufte (s. S. 52) wieder zu erkennen.

Bei allen Unterschieden haben die Kaukasier jedenfalls eines gemeinsam: Sie werden dank ihrer natürlichen Ernährung und Lebensweise steinalt, und das bei bester Gesundheit. Davon können wir Mitteleuropäer profitieren. Werfen wir also einen Blick in die abgelegene Welt dieser Hundertjährigen und entschlüsseln wir die Geheimnisse ihrer legendären Vitalität.

Das Land der Hundertjährigen

In dem georgischen Dorf Kutol starb 1975 Chfaf Lasuria – sie wurde 139 Jahre alt. Kurz vor ihrem Tod hatten Reporter sie nach dem Erfolgsrezept für ihr langes Leben befragt und konnten der westlichen Welt mitteilen: Chfaf hatte vor ihrer Hütte einen Kräutergarten und würzte ihr Essen täglich mit Koriander, Bohnenkraut, Basilikum, Knoblauch, Zwiebeln, Dill, Berberitze und Minze. Ihr Gesundheitselixier war Milchsuppe mit Eiern und Kräutern – das einfache Rezept finden Sie auf dieser Seite.

> **Was essen Hundertjährige und die, die es werden wollen?**

Ihr Lieblingsgericht war ein Eintopf aus Hammel, Zwiebeln, Kartoffeln, Tomaten und Paprika. Dazu genehmigte sie sich täglich ein Gläschen Tschatscha, weißen Branntwein, und zu den Mahlzeiten Wein. Sie badete meist in eiskaltem Wasser und bewegte sich fast immer an der frischen Luft.

Solche Geschichten sind kein Einzelfall. Mit Stolz verweisen die Kaukasier selbst auf ihre Langlebigkeit. Dabei üben sie sich natürlich wieder in ihrem gewohnten Wettstreit. Keine Frage, die ältesten Menschen leben in Abchasien, sagen die Georgier. Die ältesten gibt es bei uns, kontern die Armenier. Bei uns ist ein Viertel der Dorfbewohner über hundert. Falsch, werfen die Aserbeidschaner ein, es ist doch allgemein bekannt, dass bei uns in Qareh Dagh die Alleraltesten leben.

Die Hundertjährigen sind keine Legende

Wie dem auch sei – Tatsache ist, dass im Kaukasus ein Großteil der Menschen bis heute weit über hundert Jahre alt

---

Milchsuppe mit Eiern und Kräutern à la Chfaf Lasuria

für eine Person

Einen halben Liter gesalzene Milch aufkochen lassen und fein geschnittenes Pfefferkraut sowie zwei zerdrückte Knoblauchzehen hineingeben. Vom Feuer nehmen und nach und nach ein bis zwei verquirlte Eier hineingeben.

Guten Appetit!

wird. Dies bestätigt für die Neunzigerjahre der georgische Arzt und Medizinhistoriker Prof. Dr. Michail S. Shengelia, Autor des Buches »Volk ohne Krankheit«.

Interessante Fälle berichtet die in den USA lebende armenische Ernährungswissenschaftlerin Morvyth Williams-Sarkisian. 1968 bereiste sie mit ihrem Mann auf Einladung des sowjetischen Gesundheitsministers drei Monate lang Armenien, um die Ernährungs- und Lebensgewohnheiten in ihrer Heimat zu studieren.

Da gab es den quicklebendigen 127-jährigen Garabed, der sich mit Weizengrütze fit hielt. Er stellte ihnen gleich alle seine Kinder vor – auch sie natürlich Greise. Dazu den 90-jährigen Enkel, der sich gerade auf Brautschau befand. Der 117-jährige Gabriel Tschapnian gestand seine Vorliebe für gebratene Lammhoden, an deren sexuell stimulierende Wirkung die Kaukasier fest glauben.

Die 105-jährige Frau Kenlejan erzählte, was bei ihr auf den Tisch kommt: Vollkornweizen, Auberginen, Okraschoten, Kürbisse, Gurken, Kräuter, grünes Gemüse sowie Fisch, Lamm- und Hühnerfleisch. Dazu gönnte sie sich ab und zu etwas Wein und einen Fingerhut armenischen Cognac.

Der Aserbeidschaner Djamschid Tawakol-Khodai, der als fachlicher Berater mit seinem umfassenden Wissen die Entstehung dieses Buches unterstützte, berichtet von seinem Urgroßvater, der noch mit 100 Jahren als leitender Bewässerungstechniker tätig war, bevor er mit 101 Jahren starb.

Werden sie wirklich so alt?

Entsprechen diese fantastischen Altersangaben der Wahrheit? Auch in den Kaukasus-Republiken gab es seit jeher die kirchlichen Geburtsregister, Kirchenbücher bei den Christen, Eintragungen in den Koran bei den Moslems. Staatliche Geburtsregister wurden in Georgien Anfang des 19. Jahrhunderts, in Armenien und Aserbaidschan schon 1920 eingeführt. Die Angaben sind also nachprüfbar. Dennoch geht nicht immer alles korrekt zu. Da wird bei den Aserbeidschanern schon mal ein Datum auf den Geburtstag eines Imam verlegt, oder ein Nachgeborener erhält den Geburtsschein seines verstorbenen älteren Bruders, weil man keine Lust hat, sich aufs Amt zu begeben. Aber ob nun der eine oder die andere 110 oder 115 Lenze zählt – die generelle Langlebigkeit der Kaukasier steht außer Zweifel.

Als das Ehepaar Sarkisian durch den Kaukasus reiste, fand es überall Menschen mit gesunden Zähnen, auch im höchsten Alter. Und immer wieder traf es auf dieselbe Ernährungsweise: mehr Getreide als Fleisch, viel Gemüse, Obst, Jogurt-Produkte, Zwiebeln, Knoblauch.

Noch ist das alte Wissen da.

Im Alter noch gesunde Zähne.

Aber es ist nicht die Ernährung allein. Die Kaukasier bewegen sich viel im Freien, machen Gartenarbeit und sind auf dem Feld tätig. Sie verstehen es, mit Freunden Feste zu feiern, bei denen viel gesungen, getanzt und gelacht wird. Sie machen Ausflüge in die abwechslungsreiche Landschaft ihrer Berge, Täler und Wälder und genießen das Picknick am Ufer ihrer klaren Flüsse.

Nicht nur besonders alt – auch besonders lebensfroh

Lebens- und Liebeslust bewahren sie sich bis zuletzt. Wer einmal georgische Säbeltänzer auf einer Europa-Tournee erlebt hat, der bekommt eine Vorstellung von der Kraft und Vitalität dieser Völker. Djamschid Tawakol-Khodai, mein aserbeidschanischer Gewährsmann, weiß von einem Steinklopfer in Karadag zu berichten, der mit einem 5-Kilo-Hammer das Gestein für den Hausbau vom Fels schlug und fünf angreifende Wölfe tötete – seine Wegzehrung bestand aus Brot, Zwiebeln und Weintrauben. Das war vor 50 Jahren.

Heute hat auch im Kaukasus die Verstädterung mit ihren schädlichen Begleitumständen eingesetzt. Die Ernährung, das heilkundige Wissen und die Lebensweise der im doppelten Sinn »alten Kaukasier« können wir jedoch noch immer für uns nutzen.

Schätze wie im Garten Eden

Nach einer georgischen Sage wollte Gott, nach Abschluss seines Schöpfungsaktes, dieses paradiesähnliche Fleckchen Erde eigentlich für sich behalten. Als er dann aber sah, wie die Georgier, die bei der Verteilung nicht aufgepasst hatten, unbeschwert bei Tisch saßen, aßen, sangen und auf Gott tranken, beschloss er, es ihnen zu überlassen.

Nicht nur Georgien, der Kaukasus insgesamt ist landschaftlich und klimatisch eine der abwechslungsreichsten Regionen unseres Erdballs. Die drei Republiken werden auch »die Sonnenländer zwischen den Meeren« genannt. Hier gedeiht fast alles, was Appetit und Sinne anregt. Im Norden hat das Gebirge alpine Höhen von fast 6000 Metern, unterbrochen von Mittelgebirgen. Die abfallenden Bergketten sind von Wäldern und Gebüschen bedeckt und gehen in Grasfluren bis zu Steppen und Halbwüsten über. Die Klima-Palette reicht von »kontinental trocken« mit sehr heißen Sommern über »mediterran mild« bis zu »subtropisch feucht« in den großen Ebenen.

Im Tiefland, zum Schwarzen wie zum Kaspischen Meer, werden Zitrusfrüchte, Oliven, Mandeln, Wein, Tee und Tabak angebaut. Es gibt Maulbeerbaum-Kulturen für die Seidenraupenzucht, in Aserbeidschan auch Baumwoll- und Reisfelder. Im Westen Georgiens liegen heilkräftige Mineralquellen. Hier sind in der üppigen Vegetation der Schwarzmeerküste Kurorte aufgeblüht, die Touristen anziehen. Georgisches Trink-Mineralwasser wird exportiert – allerdings nicht zu uns.

Viele Landschaften in dieser einen Region.

Alles, was sie essen, wächst vor der Haustür

In den unteren Hanglagen findet man Getreideanbau, vor allem Weizen und Mais, sowie fast jedes nur denkbare Gemüse und Kraut. Es werden Rinder und Schafe gehalten, die im Winter in der Steppe, im Sommer in den Bergen weiden. Die Gebirgsnatur – Armenien besteht z. B. fast nur aus hohem Bergland – begrenzt allerdings die landwirtschaftliche Nutzung, und es muss in vielen Landstrichen künstlich bewässert werden.

Dennoch hat die Natur in den Kaukasus-Ländern ein Füllhorn an Gaben ausgeschüttet: wild wachsende sowie kultivierte Pflanzen, Fleisch liefernde Tiere und Fische in den Meeren und Flüssen. Daher ist die Nahrungsmittel-Industrie ein bedeutender Faktor für den Export geworden. Bis heute gehen dabei fast alle Schätze in die GUS-Staaten: Zitrusfrüchte, Tee, georgische Weine, armenischer Weinbrand und Arrak, ein Schnaps aus den Rückständen ausgepresster Trauben.

Die Kaukasus-Völker konnten ihren natürlichen Reichtum allerdings nicht immer voll genießen. Die Fremdherrschaft – im Fall der Georgier die russische – drückte sie in alten Zeiten oft schwer. Die besten Höfe gehörten den Fürsten, die in St. Petersburg lebten, Steuern und Pachtgelder waren erschreckend hoch.

Doch die Lebenslust der Kaukasier gewann immer wieder die Oberhand. Von dem Stolz auf ihre Heimat, die ihnen wie ein Garten Eden erscheint, geben die Erinnerungen des georgischen Autors George Papashvily einen plastischen Eindruck. Sie finden auf dieser Seite eine Beschreibung seines Heimatortes.

Was Papashvily beschreibt, klingt nach Schlaraffenland. Auch wir können uns heute daran gütlich tun und gesund bleiben, wenn wir die Schätze aus dem Garten Eden nicht durch künstliche Zusätze ihrer Wirkung berauben.

Auch in der Armut: stolz auf die Heimat.

George Papashvily. Mein Heimatort

Jedes Haus im Dorf hatte einen Garten mit einem Zaun aus geflochtenen Weidenruten. Eine Ecke war den Kräutern und Gemüsen vorbehalten, ohne die wir nicht leben können – Estragon (den wir in großen Mengen aßen), cilantro*, Dill, purpurrotes und grünes Basilikum, Oregano, Thymian, Bohnenkraut, Minze und dunkelgelbe Ringelblumen mit schweren Blütenköpfen, … ein billiger Ersatz für Safran … Hinter jedem Küchengarten lag der Obstgarten, und im Sommer trugen die Bäume schwer an ihren Früchten. Es gab süße, flache, schwarzrote Kirschen; seidenschalige Birnen; kleine saftige Bergäpfel; Quitten, die wir hacken und mit Lammfleisch braten; zum Platzen reife, schwarze und grüne Feigen; knallrote, kernreiche Granatäpfel …

* Anmerkung: cilantro ist Koriander.

Die Grundlagen der kaukasischen Küche

Die Gesundheit und Langlebigkeit der Kaukasier beruht auf ein paar einfachen Regeln:
- Sie essen ausschließlich naturbelassene Nahrungsmittel.
- Das Gemüse stammt aus organisch gedüngten Böden.
- Sie verwenden ungebleichtes Getreide ohne künstliche Zusätze.
- Sie nehmen Vitamine und Mineralien nur in ihrer natürlichen Form zu sich.

Noch wichtiger ist vielleicht, was sie nicht essen:
- Raffinierte Nahrungsmittel wie weißer Zucker und Weißmehl sind tabu.
- Es gibt keine Fertigprodukte mit chemischen Zusätzen, sei es Tomatenketchup oder Mayonnaise.

Im Kaukasus leben Hundertjährige, die in ihrem ganzen Leben noch nie ein Stück Zucker gesehen haben! Archäologische Funde aus der mittleren Steinzeit zeigen Schädel mit kompletten gesunden Zähnen. Sie weisen darauf hin, dass die Kaukasier sich seit mindestens 6500 Jahren in einer Art ernähren, die ihnen diesen hohen Anteil an Hundertjährigen beschert.

Leben ohne Zucker – das gibt es!

Die wichtigsten Säulen der Ernährung sind bei den Kaukasiern in Balance: Proteine, Fette, Ballaststoffe, Kohlehydrate, Vitamine und Mineralien.

Fleisch, auf armenisch wörtlich »unser Schaf«, wird geschätzt und gehört zum Speisezettel. Aber: Die Kaukasier essen nur mageres Fleisch. Sie mästen die Tiere nicht. Typischerweise servieren sie das Fleisch häufig mit anderen Lebensmitteln gemischt. Das bedeutet: Den beliebten Gemüse-Eintöpfen wird ein wenig Fleisch beigegeben. Am häufigsten sind das Hammel, Lamm und Rind. Sogar mit Früchten wie Quitten, Pflaumen oder Aprikosen wird Fleisch kombiniert.

Frisch, gesund – und mager

Gern werden Hühnergerichte gegessen, doch schöpft man von der Brühe stets das Fett ab.

Von den zahlreichen Fischen, die im Schwarzen und im Kaspischen Meer sowie in den Flüssen vorkommen, werden die mageren bevorzugt: Weißfisch wie

Kabeljau, Schellfisch, Seehecht, Zander sowie die fettarmen Arten Brasse, Felchen, Forelle, Rotbarsch und Stör.

Rogen, also Fischeier, gehören unbedingt zur kaukasischen Küche. Sie liefern Protein, wichtige Vitamine und Mineralien und gelten als Aphrodisiakum. Da sie sehr kalorienreich sind, werden sie – z. B. der Kaviar vom Stör – nur in geringen Mengen genossen.

Ein weiterer wichtiger Faktor: Das kraftspendende Protein nehmen die Kaukasier hauptsächlich aus Getreide und weniger aus Fleisch zu sich. Am häufigsten angebaut wird Weizen. Getreidekörner werden in Suppen eingerührt, Bulgur, d. h. grob geschroteter Weizen (s. S. 79), ist typisch für die Region und wird für Suppen, zu Gemüsen, Salaten und für Füllungen verwendet.

Getreide wird natürlich auch zu Vollkornbrot verbacken, zu langen Laiben wie dem georgischen Deda's puri (»Mutters Brot«) oder die im ganzen Kaukasus beliebten Fladen- und Rundbrote.

Ballaststoffe, unerlässlich für einen gesunden Stoffwechsel, bereichern als Hülsenfrüchte ständig den Speiseplan. Überall stehen verschiedene Linsenarten, die runden braunen und die flachen gelben Kichererbsen sowie rote und weiße Bohnen auf dem Speisezettel.

Kohlenhydrate sind außer in Getreide in Kartoffeln, Gemüse und Obst enthalten.

Mehr pflanzliche als tierische Nahrungsmittel.

Alles ist knackig-frisch

Gemüse spielt die größte Rolle bei den Kaukasiern: in Suppen, Eintöpfen, als Vorspeise, Salat, kombiniert mit Fleisch und Fisch. Gemüse wird nicht als Bestandteil eines Menüs gereicht, sondern kommt in mehreren Variationen gleichzeitig auf den Tisch.

Zu jeder Mahlzeit gibt es einen »grünen Teller« mit
– Petersilie
– Lauch
– Zwiebel und
– Radieschen.

Der Gemüsegarten bietet die vielfältigsten Schätze.
– Bohnen sind besonders beliebt bei den Georgiern. Hinzu kommen
– Auberginen
– Okraschoten
– Zucchini
– Gurken
– Kürbis
– Blumenkohl
– Fenchel
– Sellerie
– Möhren
– Tomaten
– Paprika
– Spinat
– rote Bete
– Weißkohl
– und vieles mehr.

Die Liebe zu Kohlgerichten haben die Kaukasier von den Russen übernommen.

Zubereitet werden die Gemüse mit

Pflanzenölen oder Butter, Margarine wird nicht verwendet. Frische Kräuter als Vitamin- und Mineralienspender gehören an jedes Essen:
– Koriander
– Estragon
– verschiedene Petersilienarten
– Basilikum
– Oregano
– Thymian
– Bohnenkraut und
– Minze

Und all das holt man sich aus dem eigenen Küchengarten!

Unwiderstehliche Vorspeisen

Etwas besonders Reizvolles an der kaukasischen Küche sind die Vorspeisen, die auch statt einer Hauptmahlzeit als Zwischengericht serviert werden. Oft haben sie die Form von Pürees – das haben die Kaukasier den Orientalen mit ihren mezze abgeschaut.

Auf einer georgischen Zakuski-Tafel kann man z. B. folgende Leckerbissen finden:
– mit Bulgur und Hackfleisch gefüllte Weinblätter
– ein Spinat-Walnuss-Püree und
– ein Kichererbsen-, Auberginen- oder Sesampüree.

Sesam, als Paste (Tahina) oder Körner für Suppen und Gebäck, ist als proteinreiches, erotisierendes Nahrungsmittel vom kaukasischen Speisezettel nicht wegzudenken.

Ein starkes Trio, das die Gesundheit der Kaukasier stützt, ist allgemein bekannt: Zwiebel, Knoblauch und Jogurt.

Die beiden wohlschmeckenden Knollen wirken antientzündlich, stärken die Immunabwehr, beugen Arteriosklerose vor und halten den Kreislauf in Schwung.

Milchprodukte sind unerlässlich

Jogurt ist Sauermilch, die aus eingedickter, erhitzter Milch unter Einwirkung bestimmter Bakterien erzeugt wird. Sein Wert wurde inzwischen auch von der modernen Medizin erkannt: Die in ihm enthaltene Milchsäure hat einen positiven Einfluss auf die Darmflora und sorgt für eine geregelte Verdauung. Ein durch Antibiotika gestörtes Darmmilieu kommt mit Jogurt wieder in Ordnung. Er stärkt die Abwehrkräfte gegen schädliche Bakterien und unterstützt die Rekonvaleszenz nach Durchfall.

Jogurt nehmen die Kaukasier in den verschiedensten Formen zu sich.

Der flüssige Jogurt wird
– Suppen beigegeben
– als leckere Sauce für Vorspeisen und Salate angerichtet
– separat zu bestimmten Speisen und als Sommergetränk, vermischt mit Mineralwasser, gereicht.

Jogurt in jeder Form.

Getrockneter Jogurt aus Schafsmilch wird mit Messer und Gabel gegessen und ist ein beliebter Durstlöscher. Mit Tarhana, einer gewürzten Paste aus getrocknetem Jogurt, bereiten die Kaukasier wie die Türken Suppen zu.

Kefir, ein mit Bakterien und Hefepilzen vergorenes Sauermilch-Getränk, wird tagsüber anstelle von Wasser getrunken. Nach Untersuchungen, die der russische Bakteriologe Prof. Dr. Metschnikoff in Abchasien durchführte, ist Kefir ein entscheidender Faktor für die Langlebigkeit der Kaukasier. Nachgewiesen wurde sein günstiger Effekt auf Darm, Haut und Blutgefäße.

Dabei spielt der Reifegrad eine Rolle. So wirkt zwölfstündiger Kefir leicht abführend, während 48-stündiger Kefir bei Verstopfung hilft. Alle Milchprodukte stehen bei den Kaukasiern hoch im Kurs. Aus Kuh-, Schafs- und Ziegenmilch bereiten sie mageren Käse und Quark.

Bedeutsam für die Gesundheit ist auch die Tatsache, dass keine Süßigkeiten wie Kuchen und Schokolade verzehrt werden. Ihren Appetit auf Süßes stillen die Kaukasier mit Obst. Äpfel schälen sie nicht, das Kerngehäuse essen sie mit. Das in den Kernen enthaltene Vitamin E, das »Fruchtbarkeitsvitamin«, trägt ebenfalls zu ihrer Vitalität bei.

Im Winter werden Früchte wie Aprikosen, Datteln und Feigen als Trockenfrüchte gegessen. Dazu kaut man Nüsse, Melonen- und Kürbiskerne.

Bleibt die Frage, wie die Kaukasier ihre Speisen süßen. Als Zuckerersatz wird ein natürlich gewonnener, konzentrierter Traubensaft verwendet, den die Aserbeidschaner Doschab nennen. Er ist auch unter dem türkischen Namen Pekmez bekannt und wird als Aphrodisiakum geschätzt. In türkischen Spezialgeschäften erhält man bei uns »Pekmez« – aber ihm ist Zucker zugesetzt!

In den hier vorgestellten Rezepten ist deshalb als Alternative flüssiger dunkler Honig oder Ahorn-Sirup angegeben.

Kaukasische Mahlzeiten im Tageslauf

Das Frühstück ist bei den Kaukasiern die wichtigste Mahlzeit. Es soll den Körper mit lang anhaltender Energie versorgen. Deshalb stehen die Proteinlieferanten im Mittelpunkt: Getreide, Käse, Eier, Fleisch. Jogurt, frische Früchte und Säfte ergänzen das reichhaltige Angebot.

Bei den »alten Kaukasiern« waren auch Kaffee und Tee nicht üblich, die man sich heute jedoch gönnt.

Das Mittagessen war immer die bescheidenste Mahlzeit: Bauern und Hirten nahmen sich etwas Brot, eine Zwiebel, Schafskäse und Weintrauben mit.

Beim Abendessen kamen dann die eigentlichen Hauptgerichte zum Zuge. Hatte man Freunde zu Gast, um ausgiebig zu feiern, wurde mehr und über längere Zeit gegessen. Wein, in Maßen genossen, durfte dabei auch nicht fehlen.

Süßes ja – aber in Maßen.

Kulinarische Besonderheiten der Kaukasus-Regionen

Alle Kaukasier ernähren sich auf die gleiche natürliche Weise. Dennoch gibt es bestimmte, landestypische Vorlieben, in denen sich die drei Völker unterscheiden. Wo die Armenier für ihre Suppen und Füllungen Bulgur (Weizenschrot) verwenden, nehmen die Georgier Mais oder Reis, die Aserbeidschaner vorzugsweise Reis – sie verraten damit ihre Nähe zur persischen Küche. Walnussbäume wachsen überall im Kaukasus, doch die Georgier sind ganz verrückt nach Walnüssen. Diese sind Bestandteil der berühmten Saziwi-Sauce (s. S. 50), sie kommen an Pürees und an Desserts. Die Armenier greifen stattdessen auch gern mal zu gerösteten Pinienkernen.

Bei den Georgiern stehen Bohnen hoch im Kurs. Mit ihnen haben sie sich stets auch über schlechte Zeiten gerettet. Was den Georgiern die Bohnen, das sind den Armeniern und Aserbeidschanern die Kichererbsen. Die Aserbeidschaner lieben besonders die Lappe, eine flache gelbe Art der Kichererbsen, die sie außer mit Lammfleisch auch mit Backpflaumen, Aprikosen oder Quitten kombinieren.

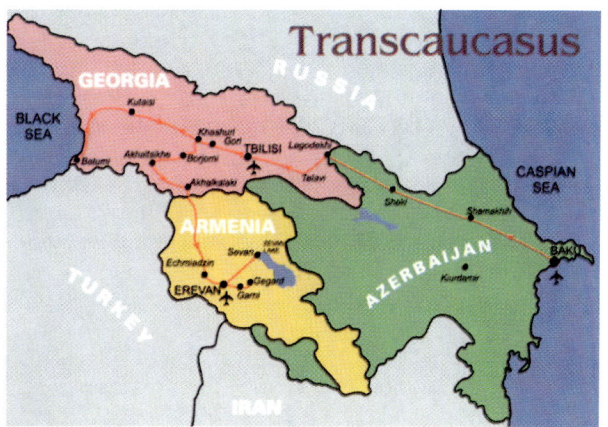

Die Völker im Kaukasus

»Lieber Bohnen und Maisbrot zu Hause als Kuchen und Wein im fremden Land«, sagt ein georgisches Sprichwort.

Die Georgier haben eine Neigung zu Wildgemüsen und -kräutern. Sie bereichern ihre Suppen nicht nur mit Koriander, Estragon, Petersilie, Thymian, Bohnenkraut und Dill, sondern überdies mit Nesseln, Sauerampfer, Malven, Sarsaparille (Stechwinde), Ringelblumen und Griechisch Heu, einer Art von Bockshornklee. An Salate geben sie Portulak (donduri), eine Würzpflanze mit fleischigen Stielen und Rosetten grüner Blätter.

Aus süßem Nachtisch machen sich die Kaukasier wenig. Aserbeidschaner und Georgier begnügen sich meist damit, ein Kupfertablett mit Obst zu rei-

Kulinarische Besonderheiten der Kaukasus-Regionen

chen, während die Armenier vielfältiges Gebäck aus Nüssen, Datteln, Honig und Sesamkörnern haben. Heute sind auch zuckerhaltige Süßigkeiten üblich.

Beim Neujahrsfest geht es üppiger zu. Bei den Georgiern werden Gozinaki, ein bernsteingelber Krokant aus gerösteten Mandeln und Haselnüssen, und Tschurtschkella zubereitet: Walnusshälften werden auf eine Schnur gezogen, die man zuvor in den gekochten, eingedickten Saft süßer Weintrauben

Georgien

Neujahr ist das Fest der Feste im Kaukasus.

getaucht hat; dann hängt man sie zum Trocknen auf. Diese Prozedur wird mehrmals wiederholt, bis eine Dicke von zweieinhalb Zentimetern erreicht ist. Diese und andere Köstlichkeiten isst man nicht nur in der Familie, sondern verschenkt sie auch an Nachbarn. Denn Neujahr ist traditionell ein Fest der Freundschaft. Das gilt auch für die Aserbeidschaner – sie bringen ihren Freunden eine Schale mit gelbem Reispudding ins Haus.

Feste feiern, Musik und Tanz

Es ist nicht allein die Ernährung, die die Kaukasier so vital hält. Sie verstehen es auch, aus jedem Essen ein Fest voller Lebensfreude zu machen. Sina Pasternak, die Frau des russischen Dichters, schreibt begeistert über die »Wunder an Gastfreundschaft«, die sie in Georgien erlebt hat. Dabei geht es durchaus nicht planlos zu. Bei jedem Festessen wird zum Haupt der Tafel ein Tamada gewählt, meist ein älterer erfahrener Mann, der von seinem Ehrensitz aus geschickt den Verlauf der Party lenkt. Dazu braucht er ein wahrhaft gutes Gedächtnis, denn auf jeden Verwandten der weitverzweigten Familien und auf jeden anderen Gast muss er einen wohlgesetzten Trinkspruch ausbringen.

Die Kaukasier sind große Weintrinker, aber mäßig im Schnapstrinken, das sie lieber den Russen überlassen. Kachetien im Osten ist der Garten Kaukasiens und der Weinberg Georgiens, auch in Mingrelien am Schwarzen Meer wird Wein angebaut. Die Armenier haben ihren Gislarwein, die Aserbeidschaner kultivieren die Rebe im Tiefland von Lenkoran und in Urmieje. Dürfen die Aserbeidschaner als Moslems, so wird man

Gefeiert wird am liebsten in großer Runde. Die Gastfreundschaft kennt keine Grenzen.

Betrunkene, so berichten Reisebesucher, sind bei den Kaukasiern kaum anzutreffen.

fragen, überhaupt Wein trinken? Sie tun es, zumal die Aussagen des Koran in dieser Hinsicht durchaus zweideutig sind. Nicht nur in der georgischen und armenischen, auch in der aserbeidschanisch-persischen Literatur wird das belebende Gewächs und die Sitte des Weintrinkens gepriesen.

Wird auf unseren Partys nur gegessen und getrunken, so setzen die Kaukasier ihre Liebe zum Wein gleich in Bewegung um. Musik und Tanz sind ihr Lebenselixier und gehören bei jedem Fest dazu. Der Dichter Friedrich Bodenstedt, der im 19. Jahrhundert die Region bereiste, war bei einem »heiteren Festmahl« in Tiflis dabei: »Junge Georgier in malerischen Gewändern trugen die Speisen auf; ein schlanker Armenier kredenzte in gigantischen silbergezierten Büffelhörnern die feurigen blutroten Weine von Kachetos; ein persischer Sänger … spielte die Tschengjir (ein Saiteninstrument) und sang dazu die lieblichsten Oden von Hafis.«

Zu den Festessen und den beliebten Picknicks werden stets Sänger und Musikanten geladen. Sie schlagen die Trommel, das Tamburin und die Deira, spielen Flöte und die verschiedensten Saiteninstrumente wie den Tar, den Tschiann und die Ssaz. Häufig wird man dabei die Klänge einer Surná hören. Das ist eine Art Sackpfeife, die von den blasenden Musikanten große Lungenkraft erfordert. »… nur eine georgische Brust vermag dieses nationale Instrument zu spielen«, schreibt der französische Schriftsteller Alexandre Dumas.

Die Sänger tragen volkstümliche Lieder vor, über Liebe, Wein, Jagd und Kampf, sie rezitieren Gedichte und improvisieren Neues, begleitet vom steigenden Beifall der Zuhörer, die ihnen singend antworten. Tänzer treten hervor, drehen sich stampfend im Kreis, bewegen sich im Sprung auf und nieder, angefeuert von rhythmischem Klatschen. Dabei wirkt das Surná-Spiel geradezu elektrisierend. »Diese Musik schien die Kraft der Tänzer zu verdoppeln«, schildert es Dumas. »Die Übungen, die der Stärkste unter uns kaum zwei oder drei Minuten ausgehalten hätte, dauerten länger als eine Viertelstunde, ohne dass die Tänzer die mindeste Ermüdung zu fühlen schienen.« Davon lässt sich auch die Festgesellschaft anstecken. Männer und Frauen treten in die Runde und geben ihr Bestes. Oder die Männer legen einander die Hände auf die Schultern und bewegen sich singend im Kreis – so wird gern auf Hochzeiten getanzt.

Rundtänze sind traditionell im ganzen Kaukasus üblich. In Armenien tanzt man den Kotschari, in Georgien den Peschuli, in Aserbeidschan den Kasagi, der im Wort den Einfluss der russischen Kosakentänze verrät. Bei einem Fest darf auch die Lesghinka nicht fehlen, ein mimischer Tanz, der das Werben des Mannes um die Frau zum Ausdruck bringt. So tanzen auch die Frauen miteinander, oder ein Mädchen tanzt die Lesghinka allein, am Abend auf dem Dach zum Schlag ihres Tamburins.

Wie die Rundtänze, so zeugen auch andere Volksvergnügungen wie der Ringkampf von der unerschöpflichen Energie der Kaukasier. Beim Mützenspiel kommt es eher auf Geschicklichkeit an: Die hochgeworfene Schafspelzmütze muß genau auf den Kopf zurückfallen, sonst ist der Werfer dem Gespött preisgegeben. Auf die kriegerische Vergangenheit weisen die berühmten Säbeltänze wie der georgische Parikaoba

Surná

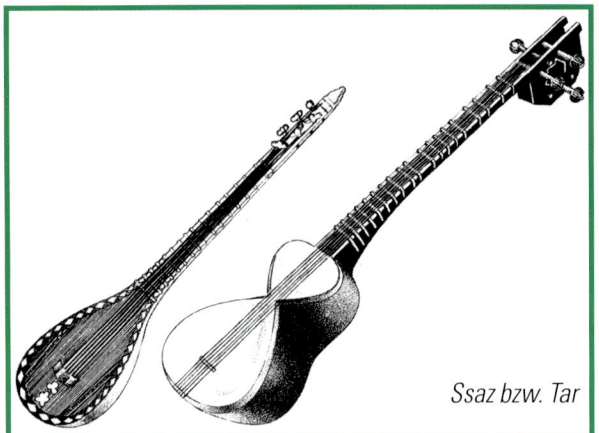
Ssaz bzw. Tar

Tamburin

Feste feiern, Musik und Tanz

»Grusinische Kapelle«

oder der aserbeidschanische Schamschiri, mit denen die Kaukasier auf ihren Tourneen begeistern.

Gut bewaffnet mussten sie stets sein. Die Reiseberichte von Friedrich Bodenstedt und Alexandre Dumas machen deutlich, wie archaisch es selbst in dieser Zeit noch zuging. Tscherkessen, Kabardinen, Lesghinen, Dagestaner und Tschetschenen zeigten schon durch ihre kriegerische Aufmachung, dass sie jederzeit kampfbereit waren. Sie trugen den Schaska, den gekrümmten Säbel, und steckten sich den Kinshal, den Dolch, in den Gürtel. Vor der Brust hin-

Es gibt kein Fest ohne Musik und Tanz.

Tanzakrobatik aus kriegerischer Bereitschaft.

gen die Patronengürtel. Kaukasier und russische Kosaken kämpften zu Pferde in Gruppen, Mann gegen Mann. Als Trophäen brachten die Sieger die abgeschlagenen Köpfe ihrer Gegner mit nach Hause, was wiederum Anlass zu ausgiebigen Feiern bot. Das alles konnte man nur in körperlicher Bestform überleben.

Die Kaukasier pflegen ihre Musiktradition und üben Gesang und Tanz bis ins hohe Alter aus.

Neben den Tänzern faszinieren die typischen drei- bis vierstimmigen georgischen Gesänge. Wenn eine solche Musikgruppe bei uns gastiert, kann man die unglaubliche Vitalität dieser Menschen erleben. So war kürzlich ein abchasisches Männerensemble in Berlin – der Älteste 100 Jahre alt, das Nesthäkchen 77.

Ein Nebeneffekt dieser gesunden Lebensweise ist die Schönheit. Denn Vitalität macht attraktiv. Und wer hätte nicht gern noch diese Draufgabe? Die Kaukasierinnen sind für ihre Schönheit berühmt: eine königliche Haltung, dazu die dunklen Augen – »zwei große schwarze Diamanten«, wie Dumas schwärmt. Friedrich Bodenstedt gibt den kaukasischen Männern den Vorzug: »Es gewährt ein unbeschreibliches Vergnügen, diese kräftigen, hohen Gestalten mit ihren blitzenden Augen, ihrem ausdrucksvollem Gesichte, ihrem stolzen Gange und ihren lebhaften und ungezwungenen Bewegungen zu sehen.« Wer mag da widersprechen?

Kaukasisches Festmenü für sechs Personen

GEMÜSESUPPE

SPINAT-WALNUSS-PÜREE
georgisch

Dazu:
Vollkornbrot

FASAN AUF GEORGISCHE ART

Dazu:
Quittengelee und
kleine runde Salzkartoffeln

ORANGEN-DESSERT

Kaukasisches Festmenü

GEMÜSESUPPE

Zutaten:
6 Stangen Sellerie
4 Mohrrüben
3 Gläser Wildfond à 400 ml
1 Fläschchen Madeira à 0,1 l
100 g sehr fein gehackte Walnüsse
Salz
Pfeffer
1 Bund frische, glattblättrige Petersilie

Zubereitung:
Sellerie waschen, putzen und in Scheiben schneiden. Mohrrüben waschen, putzen und würfeln. Walnüsse sehr fein hacken und in einem Topf mit dem Fond eine halbe Stunde köcheln. Während der letzten Viertelstunde die Mohrrüben, den Sellerie und den Madeira dazugeben. Mit Salz und Pfeffer abschmecken. Vor dem Servieren die grob geschnittenen Petersilienblätter hinzufügen.

SPINAT-WALNUSS-PÜREE
Dazu: Vollkornbrot

Zutaten:
2 kg Spinatblätter
2 kleine Zwiebeln
2 EL Olivenöl
3 Knoblauchzehen
5 Fäden Safran
1 EL heißes Wasser
50 g frischer Koriander
50 g frische, glattblättrige Petersilie
2 El Rotweinessig
90 g gehackte Walnüsse
Salz
frisch gemahlener schwarzer Pfeffer
evtl. 150 ml Hühnerbrühe
gehackte Walnüsse zur Garnierung

Zubereitung:
Den Spinat gründlich spülen und von den Stielen befreien. Den noch nassen

Spinat in einem großen Topf unter gelegentlichem Rühren in wenigen Minuten weich garen. Möglichst viel Wasser aus dem Spinat drücken und weiter abtropfen lassen.

In einer Pfanne die enthäuteten, gehackten Zwiebeln in dem Olivenöl glasig dünsten. Den zerpressten Knoblauch hinzufügen und zwei bis drei Minuten weiterdünsten. In der Zwischenzeit die Safranfäden in dem heißen Wasser einweichen.

Den letzten Rest Wasser aus dem Spinat pressen und den Spinat grob hacken. Den Spinat, Zwiebeln, Knoblauch, Koriander- und Petersilienblättchen mit dem Schneidstab des Handrührgerätes oder im Mixer zu einer glatten Masse verarbeiten. In eine Schüssel geben, den Safran mit der Einweichflüssigkeit sowie den Rotweinessig hinzufügen.

Die Walnüsse fein hacken. Unter die Spinatmasse mischen, salzen, pfeffern und so viel Hühnerbrühe zugießen, dass ein geschmeidiges Püree entsteht. In einer Schüssel, abgedeckt mit Folie, drei Stunden stehen lassen.

Auf hellgrünen Salatblättern anrichten. Vor dem Servieren gehackte Walnüsse darüberstreuen.

> **Tipp:**
> Sie können das Püree sehr gut einfrieren.

FASAN AUF GEORGISCHE ART
mit Quittengelee und kleinen runden Salzkartoffeln

Zutaten:
2 Fasane à 1000 g
90 g gehackte Walnüsse
1000 g grüne kernlose Weintrauben
5 Orangen
2 Fläschchen Madeira à 0,1 l
200 ml kochendes Wasser
1 1/2 TL Blätter von grünem Tee
Salz
frisch gemahlener Pfeffer
100 g Butter
150 ml Wildfond

Zubereitung:
Fasane waschen, ausnehmen, mit der Pinzette die letzten Härchen auszupfen. Auf Schrotkörner achten und diese entfernen.

Kaukasisches Festmenü

Walnüsse sehr fein hacken. Weintrauben in einer Presse oder in der Küchenmaschine pressen, den Saft auffangen und die Traubenschalen ausdrücken und wegwerfen. Orangen auspressen. Den Tee aufbrühen und 10 Minuten ziehen lassen. Traubensaft, Orangensaft, Madeira und Tee in einer Schüssel vermischen.

Die Fasane salzen, pfeffern und mit einem Teil der Butter stückchenweise belegen. In einen Bräter legen, Walnüsse darüberstreuen und die Sauce einfüllen. Das Ganze aufkochen und danach bei schwächster Hitze 60 Minuten köcheln lassen. Währenddessen die Fasane zweimal umdrehen.

Die Fasane herausnehmen, etwas abkühlen lassen, in Portionen schneiden und in eine feuerfeste Servierform legen. Leicht nachpfeffern und mit flüssiger Butter übergießen. Unter dem Grill goldbraun werden lassen.

Gleichzeitig die Sauce, angereichert mit dem Wildfond, in einem Teflon-Topf unter Rühren solange köcheln, bis sie eingedickt ist.

ORANGEN-DESSERT

Zutaten:

5 Orangen
8 EL Rosenwasser
4 TL dunkler flüssiger Honig
3 EL Mandelstifte
1 Prise Zimt

1 Schuß Zitronensaft
1 TL Amaretto
3 EL Minzeblättchen

Zubereitung:

Orangen schälen, in Spalten teilen und auf Dessertteller oder auf eine große Platte legen. Rosenwasser, Honig, Mandelstifte, Zimt, Zitronensaft und Amaretto vermischen und über die Orangen träufeln. Mit gehackten Minzeblättchen bestreuen.

> Anmerkung: Im Kaukasus ißt man als Nachtisch gern die Narensch, eine orangenähnliche, zartbitter schmeckende Zitrusfrucht. Sie ist bei uns nicht erhältlich. Man kann jedoch unser Rezept ebensogut mit Orangen oder, wenn man etwas leicht Bitteres mag, mit Pampelmusen (Grapefruits) zubereiten.

Zakuski-Tafel

Statt zu einem kaukasischen Menü können Sie Ihre Freunde auch zu einer Zakuski-Tafel nach georgischer Art einladen. Das ist eine Tafel mit Vorspeisen, auf die gewöhnlich weitere Gerichte folgen. Damit lässt sich sehr schön ein Buffet machen. Die Vorbereitungen sind zwar aufwendig, doch wenn die Gäste kommen, ist schon alles fix und fertig, und Sie sind als Gastgeber völlig entspannt dabei. Zu einer solchen Tafel könnten gehören:

Spinat-Walnuss-Püree (siehe Seite 24/25)
Gefüllte Weinblätter (siehe Seite 37)
Auberginen-Püree (»Arme-Leute-Kaviar«, siehe Seite 36)
Karabach-Salat (siehe Seite 45)
Kichererbsen-Püree mit Sesampaste
Rote Bohnen-Salat (siehe Seite 46)

Als warme Ergänzung bietet sich eine Linsensuppe an (siehe Seite 40). Dazu reichen Sie Vollkornbrot. Außerdem gibt es einen Käseteller mit Feta, Schafskäse und Ziegenkäse, garniert mit schwarzen und grünen Oliven. Auf einer Etagere richten Sie verschiedene Früchte an, z. B. Weintrauben, Pfirsiche und Aprikosen.

Erotisches Menü für zwei Personen

MANGO-KEFIR-DRINK

SPARGELSUPPE

SELLERIE-COCKTAIL

WOLFSBARSCH MIT SAFRAN-SAUCE UND REIS

FEIGEN IN GRANATAPFEL-SAUCE

KARDAMOM-KAFFEE

Erotisches Menü

Eiskaltes zum Anwärmen

MANGO-KEFIR-DRINK
Zutaten:
1 Mango, 200 g
4 TL honiggesüßter Sanddorn
1/8 l gut gekühlter Kefir

Zubereitung:
Die Mango enthäuten und den Kern herauslösen. Das Fruchtfleisch mit dem Sanddorn und dem Kefir im Mixer verquirlen.

Delikates Vorspiel

SPARGELSUPPE
Zutaten:
300 g grüner Spargel
3 EL Butter
100 ml flüssige Schlagsahne
2 Eigelb
100 ml Geflügelfond
Salz
frisch gemahlener schwarzer Pfeffer
frisch gemahlene Muskatnuss
etwas Zitronensaft
1 Sträußchen frischer Kerbel

Zubereitung:
Den Spargel waschen und putzen, die Spargelköpfe abschneiden, die verbliebenen Stangen in Stücke schneiden.

In einem Topf die Butter zerlassen und den gesamten Spargel acht Minuten lang dünsten. Die Spargelköpfe herausnehmen und separat legen. Schlagsahne, Eigelb und Fond zu den Spargelstücken geben und unter Rühren kurz köcheln.

Die Masse im Mixer fein pürieren. Zurück in den Topf geben, mit Salz, Pfeffer, Muskatnuss und Zitronensaft abschmecken. Spargelköpfe hinzufügen und alles vorsichtig erwärmen. Ist die Masse zu dick, etwas Fond hinzufügen. Vor dem Servieren die Suppe mit einem Klacks Sahne und Kerbelblättchen garnieren.

Bewährter Appetitmacher

SELLERIE-COCKTAIL
Zutaten:
1 junge kleine Knolle Sellerie, 250 g
2 mittelgroße säuerliche Äpfel
50 g zerhackte Walnusskerne

Erotisches Menü

Köstlicher Höhepunkt

WOLFSBARSCH MIT SAFRAN-SAUCE UND REIS

Zutaten:

400 g Wolfsbarsch-Filet
Salz
1 Zitrone
2-3 EL Butter
1/8 l Wasser
2 Schalotten
1 g Safran
2 EL Cognac
4 EL flüssige Schlagsahne
1 TL Pfeilwurzpulver
Salz
Pfeffer
1 Töpfchen Basilikum

200 g saure Sahne
3 TL Crème fraîche
1 Zitrone
Salz
1 MS dunkler flüssiger Honig
einige grüne Salatblätter
2 TL feingehackte Kresse

Zubereitung:

Sellerieknolle und Äpfel schälen und in schmale feine Stifte zerkleinern. In eine Schale legen und mit etwas Zitronensaft beträufeln. Die gehackten Walnüsse dazugeben.

Dann eine Marinade bereiten: saure Sahne und Crème fraîche vermischen, mit Zitronensaft, Salz und Honig abschmecken. Zwei Cocktailschalen mit Salatblättern auslegen, die Mischung aus Sellerie, Äpfeln und Walnüssen hineinfüllen und mit der Marinade übergießen. Feingehackte Kresse darüberstreuen.

Zubereitung:

Das Fischfilet waschen, trockentupfen, salzen und mit Zitronensaft beträufeln.

Erotisches Menü

In einer großen Schmorpfanne etwas Butter zerlassen, den Fisch in Portionenstücke teilen und in der Butter schwenken, bis sich die Poren geschlossen haben. 1/8 Liter Wasser zugießen und die Filets zugedeckt fünf Minuten dünsten.

Schalotten enthäuten, fein würfeln und in Butter in einer Kasserolle glasig dünsten. Safran zugeben, kurz mitdünsten. Mit Cognac ablöschen, die Fischbrühe zufügen. Die flüssige Sahne dazutun und die Sauce mit Pfeilwurzpulver binden. Salzen und pfeffern.

Die Filets auf einer Platte anrichten und mit Basilikumblättchen garnieren. In einer Saucière die Safran-Sauce reichen.

Dazu: gekochter Reis.

Süßes Nachspiel

FEIGEN IN GRANATAPFEL-SAUCE
Zutaten:
6 frische Feigen
1/8 l Granatapfel-Saft
2 EL Portwein
2 TL dunkler flüssiger Honig
150 ml flüssige Schlagsahne
2 MS gemahlene Vanille

Zubereitung:
Die Feigen enthäuten und halbieren. Granatapfel-Saft, Portwein und zwei Teelöffel Honig in einer Kasserolle vermischen und zum Kochen bringen. Die Feigenhälften hineingeben und einige Minuten dünsten. Die Sahne schlagen und kurz vor dem Steifwerden mit zwei Messerspitzen Vanille aromatisieren. Die Feigen aus der Kasserolle nehmen, den Sud um die Hälfte eindicken lassen. Feigen anrichten, mit der Sauce übergießen und mit der Schlagsahne garnieren.

Angenehmer Ausklang

KARDAMOM-KAFFEE
Zutaten:
2 TL Bohnenkaffee
2 TL Kardamom-Pulver
1 TL Honig
etwas flüssige Schlagsahne

Zubereitung:
Kaffee mit Kardamom-Pulver vermischen und aufbrühen. In jede Tasse einen halben Teelöffel Honig geben und nach Geschmack Sahne hinzufügen.

Kaukasische Rezepte für jeden Tag

Frühstück

Melonen-Jogurt
Für 2 Personen

Zutaten

300 g Jogurt
200 g Ananas in Stückchen
1/2 Galia-Melone
1 Schuss Zitronensaft
3 Stückchen Ingwer
50 g Wal- und Haselnüsse
2 TL Ahorn-Sirup oder dunkler flüssiger Honig

Zubereitung

Jogurt und Ananasstückchen in eine Schale geben. Melone halbieren und das Fleisch der einen Hälfte in Stücke schneiden. Dem Jogurt zufügen. Zerhackten Ingwer und die zerhackten Nüsse daruntermischen. Mit Ahorn-Sirup oder Honig süßen.

Dazu: 1 Glas Gemüsesaft.
Kaffee oder Kräutertee.

So fängt der Tag gut an!

Omelette mit Tarama (Omelette mit Fischrogen)
Für 2 Personen

Zutaten

6 Eier
2 EL heißes Wasser
1 EL Butter
Schnittlauch
2 EL Tarama, z. B. Forellen-Kaviar im 50-g-Glas
2 EL Jogurt
1 Prise Salz

Zubereitung

Eigelb und Eiweiß trennen. Eigelb schlagen und mit dem heißen Wasser verrühren. Das Eiweiß steif schlagen und unter das Eigelb ziehen. Eine beschichtete Pfanne mit Butter einfetten und die Masse bei schwacher Hitze so lange backen, bis sie aufgeht. Das Omelette in zwei Hälften teilen und auf Teller legen. Jedes Omelette mit der Mischung aus Jogurt, Forellen-Kaviar, gehacktem Schnittlauch und einer Prise Salz bedecken.

Dazu: 1 Glas Tomatensaft.
Kaffee oder Kräutertee.

Paprika-Tomaten-Eier
armenisch
Für 2 Personen

Zutaten
3 spitze, längliche Paprikaschoten (die Haut ist dünner als bei den runden Schoten)
4 mittelgroße Tomaten
3 Eier
etwas Butter
mehrere Prisen Salz
mehrere Prisen frisch gemahlener schwarzer Pfeffer

Zubereitung
Paprikaschoten waschen, entkernen und in Stücke schneiden. Die Stücke in etwas Butter in der Pfanne anbraten. Die enthäuteten, vom Mark befreiten Tomaten hinzufügen und das Ganze ca. fünf Minuten durchschmoren. Die verschlagenen Eier darübergeben und stocken lassen. Salzen und pfeffern.

Dazu: Vollkorn-Fladenbrot. Grapefruitsaft.
Kräutertee oder Kaffee.

**Geht schnell.
Ein Rezept für Berufstätige. Andere Varianten mit Vollkornbrot kann sich jeder leicht zusammenstellen.
Wer Butter gewohnt ist, darf sich Butter aufs Brot streichen. Als natürliches Produkt wird es geschätzt – Margarine gehört nicht zur kaukasischen Ernährung.**

Geht schnell!

Vollkornbrot & Co.
Für 1 Person

Zutaten
1 Grapefruit
2 Scheiben Vollkornbrot
etwas Schafskäse
Tahina (Sesampaste)
frische Oliven

Zubereitung
Die zerteilte Grapefruit auf einen Teller legen. Eine Scheibe Vollkornbrot mit Schafskäse belegen, die andere mit Tahina bestreichen. Ein Schälchen mit frischen Oliven hinstellen.

Dazu: Tan-Getränk (Jogurt mit etwas Salz, aufgefüllt mit Mineralwasser, s. S. 79).
Kaffee oder Kräutertee.

Weizenbrei
Für 1 Person

Zutaten
4 EL gemahlenes Vollkorn-Weizengetreide
1 Tasse Wasser
1 Apfel
1 EL Ahorn-Sirup oder honiggesüßter Sanddorn
2 EL Jogurt

Zubereitung
Getreide am Abend in Wasser einwei-

chen. Morgens einen klein geschnittenen ungeschälten Apfel an den Brei geben. Mit Ahorn-Sirup oder Sanddorn süßen und mit dem Jogurt vermischen.

Dazu: 1 Glas frisch gepresster Orangensaft.
Kaffee oder Kräutertee.

Getränke

Anis-Tee
georgisch
Für 4 Personen

Zutaten
3 EL Anissamen
3/4 l Wasser
1 El Honig

Zubereitung
Den Anissamen mit einem Mörser zermahlen und in eine Kasserolle tun. Das Wasser zum Kochen bringen und den Anissamen damit übergießen. Die Mischung drei Minuten köcheln lassen. Durch ein Sieb in die Kanne gießen und den Honig im Tee verrühren.

Bei den Armeniern ist das Getränk unter dem Namen Tan bekannt.

Dies ist ein Rezept aus der georgischen Volksmedizin. Anis wirkt verdauungsfördernd und hustenlösend.

Ayran (Jogurt-Getränk)
aserbeidschanisch
Für 4 Personen

Zutaten
500 g Jogurt
1 TL Salz
3/4 l eiskaltes Mineralwasser (= eine Standard-Flasche)
Minzeblättchen

Zubereitung
Den Jogurt mit dem Salz verrühren und mit dem Mineralwasser auffüllen. In Gläser gießen und mit Minzeblättchen bestreuen.

Honig-Getränk
Für 1 Person

Zutaten
1 Zitrone
2 EL Honig
2 EL Rosenwasser
Mineralwasser

Zubereitung
Zitrone auspressen. Den Saft mit dem Honig und dem Rosenwasser in einem hohen Glas vermischen. Mit Mineralwasser auffüllen.

Kefir-Getränk
Für 4 Personen

Zutaten

500 g Kefir	
300 g Himbeeren	
4 TL honiggesüßter Sanddorn	
1 Flasche Mineralwasser	

Zubereitung

Kefir in einen Glaskrug füllen. Himbeeren im Mixer pürieren und mit dem Sanddorn unter den Kefir mischen. Vier hohe Gläser je zur Hälfte füllen und Mineralwasser hinzufügen.

Melonen-Getränk
Für 1 Person

Zutaten

1 Galia-Melone	
1/2 Zitrone	
1 TL Rosenwasser	
2 TL Ahorn-Sirup oder dunkler flüssiger Honig	

Zubereitung

Die Melone in Längsrichtung teilen. Das Fleisch einer Hälfte herauslösen und im Mixer pürieren.

Das Püree in ein hohes Glas füllen. Den Saft der halben Zitrone, Rosenwasser und Ahorn-Sirup bzw. Honig hinzufügen und alles vermischen.

Ohne Mineralwasser schmeckt das Getränk genauso gut.

Auberginen werden auch püriert serviert. Das Gericht ist als »Arme-Leute-Kaviar« bekannt.

Wenn man Eiswürfel dazu gibt, ist dieses Getränk ein erfrischender Sommerdrink.

Vorspeisen

Auberginen mit Jogurt
Für 4 Personen

Zutaten

3 Auberginen
1 große Zwiebel
3 Knoblauchzehen
500 g Jogurt
1 Zitrone
Salz
Pfeffer
1 Bund Petersilie

Zubereitung

Die gewaschenen, ungeschälten Auberginen in Scheiben schneiden, salzen und mit Zitronensaft beträufeln, damit die Bitterstoffe entzogen werden und die Auberginen nicht so viel Öl aufsaugen. Eine halbe Stunde stehen lassen. Zwiebel und Knoblauchzehen enthäuten, klein schneiden und in einer Pfanne mit zerlassener Butter bräunen. Pfanne beiseite stellen. Den Jogurt in einer Schale mit Salz und Pfeffer verquirlen, einen Schuss Zitronensaft darangeben. Zwiebel- und Knoblauchstücke in die Sauce tun. Die Auberginenscheiben in einer Pfanne in Öl anbraten und unter Rühren weich schmoren. Auf einer Platte anrichten, abkühlen lassen und die Jogurt-Sauce darübergeben. Mit klein gehackten Petersilieblättern bestreuen.

Buchweizen-Pfannkuchen mit Spinat-Käse-Auflage
Für 4 Personen

Zutaten
200 ml Milch
4 Eier
150 g Buchweizen-Vollkornmehl
1 Prise Salz
etwas Butter
500 g frischer Spinat oder Tiefkühl-Spinat
100 g Hüttenkäse
100 g Feta (als dänischer Weichkäse mit 45 % Fettanteil)
2 Prisen frisch gemahlener schwarzer Pfeffer
2 Prisen gemahlene Muskatnuss

Zubereitung
Milch, zwei Eier, Vollkornmehl und Salz zu einem glatten Teig verrühren und eine Stunde quellen lassen. Daraus vier Kuchen in der Pfanne in Butter ausbacken. Spinat waschen, abtropfen lassen, die Stiele entfernen und wenige Minuten im geschlossenen Topf bei schwacher Hitze dämpfen. Die Flüssigkeit abgießen, die Blätter ausdrücken. In einer Schüssel Hüttenkäse, Feta und die restlichen verquirlten Eier vermengen, pfeffern und mit Muskat würzen. Den Spinat daruntergeben. Die Mischung auf den Pfannkuchen verteilen.

Der Jogurt macht das Gericht leichter verdaulich. Man kann Jarpach Dolmassy als Hauptgericht oder als Vorspeise, z. B. für ein Buffet, reichen.

Salzen ist wohl kaum nötig, da der Feta sehr salzhaltig ist. Man erhält ihn in türkischen Spezialgeschäften.

Jarpach Dolmassy (Gefüllte Weinblätter, vegetarisch)
aserbeidschanisch
Für 4 Personen

Zutaten
1/2 Tasse Lappe (flache gelbe Kichererbsen)
1/2 Tasse weicher Rundkornreis
2 Zwiebeln
4 EL Pflanzenöl
1–2 Tassen Wasser
1 TL Tomatenmark
1 Stange Porree
1 Tasse Bulgur
2 Bund Dill
1 Bund Bohnenkraut
3 EL Butter
1 TL Curry
1/2 TL Salz
2 MS Pfeffer
4 EL Jogurt
1 Glas in Salzlake eingelegte Weinblätter (655 g = ca. 40 Stück), falls es keine frischen Weinblätter gibt.

Zubereitung
Am Abend zuvor die Lappe in Wasser einweichen. Am nächsten Tag den Rundkornreis eine halbe Stunde einweichen. Von beidem das Wasser abgießen.

In einer Schale den Bulgur in Wasser einweichen und eine halbe Stunde stehen lassen.

In einem Topf zwei enthäutete, gewürfelte Zwiebeln in Pflanzenöl anbraten. Eine Vierteltasse Wasser hinzufügen. Lappe und Rundkornreis dazugeben, alles zum Kochen bringen und ca. 15 Minuten köcheln lassen. Nach und nach so viel Wasser zufügen, dass die Masse geschmeidig bleibt. Tomatenmark, etwas Butter, Curry, Salz und Pfeffer dazutun. Den Topf beiseite stellen.

Den Porree mitsamt dem Grün sehr fein hacken und an den Brei geben. Das Einweichwasser vom Bulgur abgießen und den Bulgur mit ein wenig Wasser anrühren und dem Brei hinzufügen. Dill und Bohnenkraut, beides grob gehackt, mit etwas Butter daruntermischen. Den Topf nochmal aufsetzen und den Brei ca. zehn Minuten garen, bis der Bulgur weich ist. Am Schluss vier EL Jogurt unterziehen.

Die Weinblätter zum Entsalzen in eine Schale mit Wasser legen und mehrmals durchspülen. Auf die grob geäderte Seite jedes Blatts ein wenig von der Füllung legen und das Blatt von vier Seiten zusammenfalten. Jedes Päckchen misst ca. 3 x 3 cm. In einen großen Topf etwas Öl geben und den Boden mit ein wenig Wasser bedecken. Die gefüllten Weinblätter übereinander legen und eine halbe Stunde bei geringer Hitze garen lassen. Auf einer Platte servieren.

Zubereitungszeit: ca. zwei Stunden.

Dazu werden mit Zimt bestreuter Jogurt und Brot gereicht.

Jarpach Dolmassy ist im ganzen Kaukasus bekannt. Eine beliebte Variante sind gefüllte Weinblätter mit Hackfleisch und Reis.

Lobio (Rote Bohnen-Püree)
georgisch
Für 4 Personen

Zutaten

400 g rote Bohnen
2 große Zwiebeln
1–2 EL Olivenöl
Salz
Pfeffer
1/2 Zitrone
1 Bund Petersilie
1 Bund Koriander
einige Blätter Kopfsalat

Zubereitung

Bohnen über Nacht in Wasser einweichen. In leicht gesalzenem Wasser in 40 bis 45 Minuten gar kochen und pürieren. Mit etwas Olivenöl die Masse geschmeidig machen. Die enthäuteten, zerkleinerten und in einer Pfanne gebräunten Zwiebeln hinzufügen. Das Püree salzen, pfeffern und den ausgepressten Zitronensaft dazugeben. Das Püree auf Salatblättern anrichten und mit Petersilie und Korianderblättern garnieren.

Dazu: Fladen-Vollkornbrot

Tahina mit Eiern (Sesampaste mit Eiern)
Für 4 Personen

Zutaten
100 g Tahina (Sesampaste)
2 Eier
1 große rote Zwiebel
1 mittelgroße Zitrone
50 g schwarze Oliven
1 grüne scharfe Pfefferschote
Salz
frisch gemahlener schwarzer Pfeffer
1 EL Olivenöl
einige EL Wasser
1 Bund glattblättrige Petersilie

Zubereitung
Die Eier hart kochen, schälen und fein würfeln. Die Zwiebel enthäuten, die Oliven entkernen, Pfefferschote und Petersilie putzen. Alles fein zerhacken.
Die Tahina in einer Schüssel mit Öl und Wasser geschmeidig machen. Den Saft der ausgepressten Zitrone hineingeben, salzen und pfeffern. Alle zerkleinerten Zutaten unter die Tahina mischen und mit Radieschenscheiben garnieren. Die Paste eine Stunde lang ziehen lassen.

Dazu: frische Pellkartoffeln.

Tahina (Sesampaste) schmeckt auch gut als Brotaufstrich.

Suppen

Kaukasische Gemüsesuppe
Für 4 Personen

Zutaten
2 Möhren
1 Knolle Sellerie
1 Stange Porree
1/4 Kopf Weißkohl
1 Zwiebel
3 EL Butter
1 l Fleischbrühe
50 g Suppennudeln
2 Eigelb
Salz, Pfeffer
Rosenpaprikapulver

Zubereitung
Möhren, Sellerie und Porree waschen. Möhren schaben, Sellerie schälen, Porree von den Enden befreien, Weißkohl waschen. Alles zerkleinern. Die Zwiebel schälen und in Würfel schneiden. Die Butter in einem Topf erhitzen und die Zwiebel darin glasig dünsten. Das Gemüse hinzufügen und alles drei Minuten andünsten. Mit der Fleischbrühe auffüllen und bei schwacher Hitze fünf Minuten garen. Kurz vor Ende der Garzeit die Suppennudeln dazugeben und das Ganze weitere drei bis fünf Minuten kochen. Das Eigelb mit etwas Wasser verquirlen und daruntermischen – die Suppe darf nicht mehr kochen. Mit Salz, Pfeffer und Rosenpaprika abschmecken.

Linsensuppe

armenisch
Für 4 bis 6 Personen

Zutaten

Knapp 1/4 l Wasser
75 g Bulgur
150 g braune Linsen
3 Zwiebeln
1 1/2 l Rinderbrühe
70 g Tomatenmark
1 TL getrockneter Anissamen
1 Zitrone
2 Prisen edelsüßer Paprika
1 Prise Cayenne-Pfeffer
frisch gemahlener schwarzer Pfeffer
Salz
1 Bund glattblättrige Petersilie

Zubereitung

Die Linsen am Abend zuvor in Wasser einweichen.

Knapp 1/4 l Wasser in einem großen Topf zum Kochen bringen. Den Bulgur einrühren und bei niedriger Hitze im geschlossenen Topf fünf Minuten garen. Den größten Teil der Rinderbrühe, Tomatenmark, die gespülten Linsen, die in Ringe geschnittenen Zwiebeln und Anissamen dazugeben. Zum Kochen bringen und bei schwacher Hitze 30 Minuten köcheln lassen, bis die Linsen gar sind. Während des Köchelns nach und nach den Rest der Brühe zugeben.

Mit dem ausgepressten Zitronensaft, Paprika, Cayenne-Pfeffer, schwarzem Pfeffer und Salz würzen. Vor dem Auf-

tragen mit klein geschnittener Petersilie bestreuen.

Dazu: Maisbrot. In Deutschland bekommt man ein Mischbrot aus Vollmais, Vollreis, Vollsoja und Hirse.

Mandel-Jogurt-Suppe

armenisch
Für 4 Personen

Zutaten

200 g gemahlene Mandeln
3/4 l Gemüsebrühe
4 EL Butter
1 Zwiebel
1 EL Hirse
1 Prise geriebene Muskatnuss
1 Prise gemahlene Nelke
1 Prise Salz
frisch gemahlener schwarzer Pfeffer
1 Zitrone
1 Bund Petersilie
2 EL Jogurt

Zubereitung

In einer Kasserolle etwas Butter zerlassen und die gewürfelte Zwiebel darin glasig dünsten. Die Kasserolle beiseite stellen.

In einem mittelgroßen Topf etwas Butter zerlassen und darin einen EL Hirse-Vollkornmehl sowie die gemahlenen Mandeln verrühren. Mit der Gemüsebrühe auffüllen und Muskat, Nelke, Salz und Pfeffer dazugeben. Eine halbe Stunde köcheln lassen. Die Zwiebelstücke hineintun, mit einem Schuss Zitronensaft abschmecken und nochmals fünf Minuten köcheln lassen. Kurz vor dem Servieren den Jogurt und vier EL feingehackte Petersilie unterziehen.

Mazunabur (Jogurtsuppe)
armenisch
Für 4 Personen

Zutaten

2 mittelgroße Zwiebeln
3 EL Pflanzenöl
4 EL Weizenkörner
3/4 l Gemüsebrühe
2 TL Pfeilwurzpulver
etwas Wasser
1 Eigelb
1 Prise Salz
1/2 Zitrone
4 EL frischer Naturjogurt
3 EL Minzeblättchen

Zubereitung
Am Abend zuvor vier EL Weizenkörner in Wasser einweichen. Die enthäuteten, gewürfelten Zwiebeln in einem Topf in Pflanzenöl bräunen, den Topf beiseite stellen. Das Wasser der Weizenkörner abgießen, die Körner herausnehmen und in der Gemüsebrühe ca. 20 Minuten garen. Die Körnerbrühe auf die Zwiebeln gießen. Pfeilwurzpulver mit ein wenig Wasser anrühren und daruntermischen. Das Eigelb unterziehen. Salzen

Die Tarhana-Paste sowie die Gemüsebrühe enthalten bereits Salz. Zusätzliches Salzen ist deshalb wohl kaum nötig.
Variante: Verwenden Sie Hackfleisch statt Paprika.

und einen Schuss Zitronensaft darangeben. Alles auf mittlerer Hitze lassen, den Jogurt unterrühren und zerhackte Minzeblättchen darüberstreuen.

Dazu: Vollkornbrot.

Tarhana-Paprika-Suppe
Für 4 Personen

Zutaten

2 Zwiebeln
3 Knoblauchzehen
2 EL Butter
70 g Tomatenmark
3 grüne Paprikaschoten
3/4 l Gemüsebrühe
150 g Tarhana (Paste aus getrocknetem Jogurt)
1 Spritzer Zitronensaft
frisch gemahlener schwarzer Pfeffer
klein gehackte Kräuter

Zubereitung
Zwiebeln und Knoblauchzehen enthäuten, fein hacken und in einem Topf in Butter glasig dünsten. Tomatenmark hinzufügen. Paprikaschoten waschen, entkernen und in Streifen schneiden, die Streifen halbieren. Das Gemüse in den Topf geben und zehn Minuten schmoren. Mit Gemüsebrühe auffüllen und alles nochmal aufkochen lassen. Bei reduzierter Hitze die Tarhana-Paste einrühren. Mit etwas Zitronensaft und Pfeffer würzen. Kurz vor dem Servieren klein gehackte Kräuter darüberstreuen.

Eintöpfe

Asche-Mast
(Gemüse-Eintopf mit Jogurt)
aserbeidschanisch
Für 6 Personen

Zutaten

100 g Kichererbsen	
100 g weiße Trockenbohnen	
1 Zwiebel	
2 Stück Ochsenschwanz	
1 l Wasser	
1 TL Salz	
1/2 Tasse Bulgur	
1/2 Tasse weicher Rundkornreis	
1 Stange Porree	
4 Stangen Lauch	
1 Bund glattblättrige Petersilie	
1 Bund Koriander	
3 EL Pflanzenöl	

Zubereitung

Kichererbsen und Trockenbohnen am Abend vorher mehrmals spülen und in Wasser einweichen.

Die enthäutete und gewürfelte Zwiebel in einem großen Topf in Pflanzenöl glasig dünsten. Die Ochsenschwänze hinzufügen und kurz anschmoren. Wasser dazugeben, so dass das Fleisch bedeckt ist. Das Wasser der Kichererbsen und weißen Bohnen abgießen und die Gemüse mit einem TL Salz in den Topf geben. Wasser nachfüllen, das Ganze zum Kochen bringen und auf mittlere Hitze herunterschalten.

Wenn die Frauen Asch zubereiten wollten, gingen sie im Sommer durch ihren Garten und sammelten alle essbaren Blätter für den Eintopf ein, z. B. auch die Blätter der roten Bete. Das Grünzeug kann man immer neu variieren. Porree, Petersilie und Koriander gehören jedoch immer zu Asch.

Wenn die Gemüse nach 30 bis 40 Minuten gar sind, Bulgur fünf Minuten kochen lassen. Dann den Reis hinzufügen und fünf Minuten garen.

Das klein geschnittene Grün von Porree und Lauch in den Topf tun, gar werden lassen, danach je zwei EL zerhackte Petersilie und Koriander zufügen. Bei Bedarf nachsalzen.

Dazu servieren Sie eine Schale mit geschlagenem, mit zerhacktem Knoblauch angereichertem Jogurt. Jeder Gast löffelt sich einen Klacks davon auf seinen mit dem Eintopf gefüllten Teller.

Dizi
(Lammeintopf mit Kichererbsen)
aserbeidschanisch
Für 6 Personen

Zutaten

200 g Lappe (flache gelbe Kichererbsen)
3 Lammhaxen
3 Zwiebeln
1 l Wasser
4 Kartoffeln
1 TL Salz
1 grüne scharfe Pfefferschote
1 1/2 TL Kurkuma
6 mittelgroße Tomaten
500 g junge Okraschoten
500 g grüne Bohnen
1 Zucchini
5 Knoblauchzehen

Eintöpfe

Zubereitung

Die Lappe eine halbe Stunde lang in Wasser einweichen.

Für das Gericht wird ein Zwei- bis Drei-Liter-Topf genommen, den die Aserbeidschaner vor dem Benutzen noch einmal auswaschen und abtrocknen, denn: »In der Nacht kann der Scheitan hineingegangen sein und Kinder gezeugt haben.« (Der Scheitan ist der Teufel.) Weniger Abergläubische tun es, weil sie wie alle Aserbeidschaner sehr hygienebewusst sind.

Im Winter kann man Trockengemüse verwenden.

Lammhaxen mit kaltem Wasser abspülen, in den Topf legen, darüber die grob zerkleinerten Zwiebeln verteilen und mit einem Liter Wasser auffüllen. Das Ganze 20 Minuten köcheln lassen. Dann einen TL Salz, eine Viertel-Pfefferschote und Kurkuma hinzufügen. Drei abgebrühte, enthäutete und halbierte Tomaten dazugeben.

Nach 40 Minuten Köchelzeit die mehrmals gespülten Lappe dazutun, nach weiteren 25 Minuten die gewaschenen, geschälten ganzen Kartoffeln. Wieder nach zehn Minuten die Bohnen, nach weiteren fünf Minuten die Okraschoten, die zerkleinerte Zucchini, die restlichen Tomaten und den zerhackten Knoblauch hinzufügen.

Das Fleisch mit dem Gemüse auf einer großen Platte anrichten.

Zubereitungszeit: ca. zwei Stunden.

Dazu: der typische Grünzeug-Teller mit glattblättriger Petersilie, Lauch, rohen Zwiebeln und Radieschen.

Kaukasischer Borschtsch (Rote-Bete-Kohl-Eintopf)

Für 6 Personen

Zutaten

500 g Ochsenbein
2 Markknochen
1 1/2 l Wasser
2 Zwiebeln
500 g rote Bete

500 g Weißkohl
3 Mohrrüben
250 g Kartoffeln
2 EL Tomatenmark
2 Lorbeerblätter
1 TL Salz
1/4 TL frisch gemahlener schwarzer Pfeffer
1 Stückchen scharfe grüne Pfefferschote
1/2 Zitrone
1 Bund Petersilie
1 Becher Schmand (250 g)

Zubereitung
Das Fleisch und die Markknochen mit den enthäuteten, gewürfelten Zwiebeln in einen großen Suppentopf geben, mit dem Wasser auffüllen, zum Kochen bringen und 30 Minuten bei mittlerer Hitze kochen. Einen TL Salz und die Lorbeerblätter hinzufügen, das Tomatenmark unterrühren.

Die geputzten, gewaschenen, gebürsteten, gewürfelten ungeschälten rote Bete darangeben. Nach 15 Minuten den fein geschnittenen Weißkohl, nach weiteren zehn Minuten die geputzten, in Scheiben geschnittenen Mohrrüben, nach weiteren fünf Minuten die gewaschenen, geschälten und gewürfelten Kartoffeln dazutun.

Eventuell nachsalzen, pfeffern, das Schotenstück darangeben. Das Ganze noch einmal zehn Minuten köcheln lassen. Mit einem Schuss Zitronensaft abschmecken, die zerhackte Petersilie darunterziehen.

Wenn das Essen auf dem Tisch steht, löffelweise Schmand auf die Teller geben.

Im Sommer nimmt man statt Tomatenmark frische Tomaten.

Salate

Gurken-Salat
Für 4 Personen

Zutaten
1 große Salatgurke
2 Becher Jogurt à 200 g
2 Becher saure Sahne à 200 g
1 EL Obstessig
2 EL Olivenöl
1 EL fein gehackte Walnüsse
4 Knoblauchzehen
Salz
frisch gemahlener schwarzer Pfeffer
1 Bund Dill

Zubereitung
Die Gurke schälen und grob raspeln. Jogurt und saure Sahne gut verrühren. Obstessig, Olivenöl, Walnüsse und zerpressten Knoblauch hinzufügen. Salzen und pfeffern. Die geraspelte Gurke untermischen und zwei EL fein gehackten Dill hineingeben. Das Ganze sehr kalt servieren.

Karabach-Salat
(Bunter Salat mit Schafskäse)
armenisch
Für 4 Personen

Zutaten

1 große Salatgurke
1 Bund Frühlingszwiebeln (ca. 8 Stück)
4 schnittfeste Tomaten
100 g Schafskäse
1 Zitrone
3 EL Olivenöl
Salz
frisch gemahlener schwarzer Pfeffer
1 MS Senf
Minzeblättchen

Zubereitung

Die Gurke schälen, entkernen und würfeln. Die Frühlingszwiebeln in Stücke schneiden, Tomaten und Schafskäse würfeln. Die Marinade bereiten aus Zitronensaft, Olivenöl, Salz, Pfeffer und Senf. Die Salatmischung hineingeben, mit der Sauce vermischen und zuletzt zwei TL feingehackte Minzeblätter dazugeben.

Dazu: Vollkornbrot.

Den Salat sofort servieren, da die Tomaten sonst zu viel Saft abgeben und das Ganze nicht mehr so knackig bleibt. Dieser Salat wird in dieser oder ähnlicher Form überall im Kaukasus angeboten. Die Georgier nehmen statt der Tomaten Radieschen.

Kaukasischer Salat mit Tarama (Kaukasischer Salat mit Rogen)
Für 4 Personen

Zutaten

100 g schwarzer Kaviar (Seehasen-Rogen)
1 rote Zwiebel
1 Tasse fein zerkrümeltes Vollkorn-Weizenbrot
4 Tomaten
1 Zitrone
3 EL Pflanzenöl
1 Bund Petersilie
Kopfsalat-Blätter

Zubereitung

Den Saft der Zitrone und das Pflanzenöl in eine Schüssel geben. Die fein zerhackte Zwiebel, Rogen und das zerkrümelte Brot hinzufügen und alles so vermengen, dass eine sämige Masse entsteht. Dann ca. zwei EL gehackte Petersilie untermischen.

Eine Platte mit Salatblättern belegen, in der Mitte die Kaviar-Mischung anrichten und das Ganze mit Tomatenscheiben bekränzen.

Dazu reicht man Scheiben von dem Vollkorn-Weizenbrot.

Rote-Bohnen-Salat

Für 4 Personen

Zutaten

400 g rote Bohnen
2 Zwiebeln
3 hart gekochte Eier
15 schwarze Oliven
1 Zitrone
3 EL Obstessig
6 EL Olivenöl
Salz
frisch gemahlener schwarzer Pfeffer
2 TL Rosenpaprika scharf
1 Bund Petersilie

Zubereitung

Die Bohnen am Abend zuvor in Wasser einweichen. Am nächsten Tag in leicht gesalzenem Wasser in 40-45 Minuten gar kochen. Das Wasser abgießen und die Bohnen abkühlen lassen. Die Bohnen in eine große Schüssel geben, eine in Ringe geschnittene und eine pürierte Zwiebel sowie die Oliven hinzufügen und alles vermengen.

Eine Marinade bereiten aus dem Saft der Zitrone, Obstessig, Olivenöl, Salz, Pfeffer und Rosenpaprika. Die Marinade in die Schüssel geben, durchmischen und den Salat mit den längs geviertelten Eiern belegen. Am Schluss drei bis vier EL gehackte Petersilie darüberstreuen. Den Salat mehrere Stunden durchziehen lassen.

Bohnen, ob grüne, weiße oder rote, sind bei den Kaukasiern sehr beliebt.

Weißkohl-Salat mit Minze

Für 4 Personen

Zutaten

800 g Weißkohl
2 große rote Zwiebeln
1 EL Obstessig
1/2 Zitrone
2 EL Olivenöl
1/2 TL Honig
1/2 TL Salz
frisch gemahlener schwarzer Pfeffer
3 Knoblauchzehen
frische Minzeblätter

Zubereitung

Den Kohl putzen und in einem Schnitzelgerät raspeln. Einige Minuten in kochendem Wasser blanchieren, das Wasser abgießen, den Kohl abkühlen lassen und in einer Salatschleuder trocknen. Die Zwiebeln enthäuten und grob hacken.

Eine Marinade bereiten aus Obstessig, Zitronensaft, Olivenöl und Honig. Salzen und pfeffern. Den geraspelten Kohl, die Zwiebelstücke und die zerhackten Knoblauchzehen an die Marinade geben und alles vermischen. Am Schluss die fein gehackten Minzeblätter hinzufügen.

Gemüse

Blumenkohl mit Tahina (Blumenkohl mit Sesam-Sauce)

Für 4 Personen

Zutaten

1 Blumenkohl von ca. 1000 g
4 EL Tahina (Sesampaste)
2 Zitronen
1 Knoblauchzehe
Salz
1 Bund Petersilie

Zubereitung

Den Blumenkohl in Röschen zerteilen und ca. zwölf Minuten dämpfen. So bleibt das Gemüse bissfest und aromatisch.

In der Zwischenzeit die Sauce zubereiten. Dafür Sesampaste, den Saft einer Zitrone, zerpressten Knoblauch und Salz mit einem Schneebesen glatt rühren. Wenn nötig, das Ganze mit etwas Wasser sämig machen. Zum Schluss die fein gehackte Petersilie unterrühren.

Die Röschen auf eine Platte legen, die Sauce darübergeben und mit Zitronenscheiben und etwas Petersilie garnieren.

Geht schnell und gelingt leicht.

Bohnen mit Eiern

georgisch

Für 4 Personen

Zutaten

750 g grüne Bohnen
1 1/2 l Wasser
4 Eier
etwas Butter
2 Zwiebeln
1 TL Salz
1 Prise frisch gemahlener schwarzer Pfeffer
1 Bund Petersilie

Zubereitung

Bohnen putzen, halbieren und waschen. Einen Topf mit dem Wasser füllen, einen halben TL Salz hinzufügen und das Wasser zum Kochen bringen. Bohnen dazugeben und 15 Minuten bei mittlerer Hitze gar werden lassen. Separat in einer Kasserolle die enthäuteten, gewürfelten Zwiebeln glasig dünsten. Den Backofen vorheizen. Eine feuerfeste Form großzügig ausbuttern. Das Bohnenwasser abgießen, die Bohnen in die Form füllen und einmal wenden. Die Zwiebelstücke dazugeben. In einem Gefäß die Eier schaumig schlagen und über die Bohnen geben. Das restliche Salz und den Pfeffer hinzufügen. Die Form in den Backofen schieben und die Masse fünf Minuten backen, bis die Eier fest sind. Die Form herausnehmen und das Gericht mit zerhackter Petersilie bestreuen.

Borani
(Spinat mit Jogurt)
aserbeidschanisch
Für 4 Personen

Zutaten

250 g frischer Spinat	
1 Zitrone	
1 Zwiebel	
1/2 TL Salz	
frisch gemahlener schwarzer Pfeffer	
500 g Jogurt	
frische Minzeblättchen	

Zubereitung

Den Spinat unter kaltem fließenden Wasser gründlich waschen, im Durchschlag abtropfen lassen. Ein wenig von den Stängeln an den Blättern lassen, das Übrige entfernen.

In einem Zwei- bis Drei-Liter-Topf gut ein Achtelliter Wasser zum Kochen bringen. Den Spinat dazugeben und bei schwächster Hitze zugedeckt fünf Minuten garen. Das Kochwasser durch ein Sieb abgießen, den Spinat abkühlen lassen, gut ausdrücken und grob zerhacken.

Den Spinat in eine tiefe Schüssel geben, zwei EL Zitronensaft, feingeriebene Zwiebel, Salz und Pfeffer dazutun und alles verrühren. Den Jogurt hinzufügen und mit dem Spinat vermengen. Borani für mindestens eine Stunde in den Kühlschrank stellen und vor dem Servieren mit gehackter Minze bestreuen.

Statt Spinat kann man für Borani auch Zucchini oder Kohlrabi verwenden.

Bulgur mit Gemüse
(Weizenschrot mit Gemüse)
Für 4 Personen

Zutaten

200 g Bulgur	
2 Möhren	
1 kleine Knolle Sellerie	
1 Stange Porree	
3/4 l Gemüsebrühe	
3 EL Olivenöl	
2 Knoblauchzehen	
Salz	
Pfeffer	
1 Bund Petersilie	

Zubereitung

Olivenöl in einem flachen Topf erhitzen. Knoblauchzehen zerhacken und unter Rühren kurz anbraten. Möhren, Sellerie und Porree hinzufügen, ebenfalls anbraten. Das Gemüse salzen und pfeffern und unter Rühren eine Minute lang braten. Bulgur untermischen und nach und nach einen halben Liter Gemüsebrühe dazugeben. Den Brei zugedeckt fünf Minuten lang leicht köcheln, eventuell mit der restlichen Gemüsebrühe geschmeidiger machen.

Auf dem abgeschalteten Herd zugedeckt noch zehn Minuten quellen lassen – der Bulgur soll körnig locker sein. Am Schluss die Petersilie daruntergeben.

Gemüsepfanne mit grünen Bohnen
georgisch
Für 4 Personen

Zutaten

300 g lange grüne Bohnen
50 g Butter
3 große Zwiebeln
1 grüne Paprikaschote
5 mittelgroße Tomaten
1 Töpfchen Basilikum
1 Ei
125 g saure Sahne
1 TL Salz
frisch gemahlener schwarzer Pfeffer
1 Spritzer Zitronensaft

Zubereitung

In einem großen Topf zwei Liter leicht gesalzenes Wasser zum Kochen bringen. Die geputzten und halbierten Bohnen in ca. 15 Minuten gar werden lassen, so dass sie noch bissfest sind. Im Durchschlag abtropfen lassen, kühl abspülen und beiseite stellen.

Die Butter in einer großen Schmorpfanne zerlassen. Die enthäuteten und grob zerkleinerten Zwiebeln und die geputzten, in Streifen geschnittenen Paprikaschoten hineingeben und unter Rühren anbraten, bis sie weich sind. Die abgebrühten, enthäuteten und grob zerteilten Tomaten (Stielansatz entfernen) mit den zerhackten Basilikum-Blättern hineinrühren und zwei Minuten lang kochen lassen, bis die Flüssigkeit verdampft ist. Die Bohnen dazugeben und erwärmen.

Ei, saure Sahne, Salz, Pfeffer und einen Spritzer Zitronensaft in einer Schüssel verquirlen und unter das Gemüse ziehen.

Die Saure-Sahne-Mischung darf nicht erhitzt werden, da sie sonst gerinnt.

Eingelegtes

Torschi mit Aubergine (Eingelegte Aubergine)
aserbeidschanisch

Zutaten

1 Aubergine
1 Strauß Bohnenkraut
1 Bund Petersilie
Minzeblätter
2 Knoblauchzehen
1 Zwiebel
Salz
frisch gemahlener schwarzer Pfeffer
Kurkuma-Pulver
Weinessig

Zubereitung

Die Aubergine mit der Schale waschen, abtrocknen, halbieren und die Hälften im Backofen durchbacken, bis sie weich sind. Sehr klein hacken, salzen, pfeffern und mit Kurkuma-Pulver bestäuben. Bohnenkraut, Petersilie und Minzeblätter waschen und so gut trocknen, dass keinerlei Feuchtigkeit mehr an ihnen haftet. Die Kräuter sehr fein hacken, die enthäuteten Knoblauchzehen zerpressen, die enthäutete Zwiebel fein zerhacken. Die Masse vermischen, in ein ca. 300 ml fassendes, mit kochend heißem Wasser ausgespültes Glas tun und mit Weinessig auffüllen. Das Glas mit Drehverschluss schließen und an einen kühlen Ort (nicht in den Kühlschrank) stellen.

Nach sieben Tagen hat das Essiggemüse seinen Geschmack gewonnen, der mit der Zeit immer besser wird.

Torschi mit Knoblauch (Eingelegter Knoblauch)
aserbeidschanisch
Für ein 300-ml-Glas

Zutaten
ca. 40 Knoblauchzehen von frischem Knoblauch	
100 ml Weinessig	
1/2 TL Salz	
1 Sträußchen Estragon	

Zubereitung
Das Glas mit kochend heißem Wasser ausspülen und gut abtrocknen. Die Knoblauchzehen mit der Haut ins Glas legen. Den Weinessig darübergießen, salzen und das Estragon-Sträußchen zufügen. Wichtig: Das Glas bis obenhin füllen und mit Drehverschluss schließen. An einen dunklen Ort stellen.

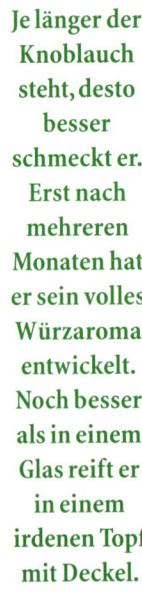

Je länger der Knoblauch steht, desto besser schmeckt er. Erst nach mehreren Monaten hat er sein volles Würzaroma entwickelt. Noch besser als in einem Glas reift er in einem irdenen Topf mit Deckel.

Fleischgerichte

Gekochtes Huhn mit Saziwi-Sauce (Gekochtes Huhn mit Walnuss-Sauce)
georgisch
Für 4 Personen

Zutaten
1 ganzes Huhn, ca. 1,3 kg
3 Lorbeerblätter
1/2 TL Salz
Für die Sauce:
2 EL Pflanzenöl
2 Zwiebeln
4 Knoblauchzehen
150 g Walnüsse
350 bis 400 ml Hühnerbrühe
1/4 TL Zimt
1/4 TL Kurkuma
1 große Prise Nelkenpulver
1 große Prise Cayennepfeffer
1 große Prise frisch gemahlener schwarzer Pfeffer
1 große Prise Salz
2 EL Weinessig
1 Bund Koriander
1 Bund Estragon
1 Bund glattblättrige Petersilie

Zubereitung
Das Huhn abspülen und in vier Stücke teilen. In einen großen Topf geben, drei Lorbeerblätter dazutun und gut mit Wasser bedeckt aufkochen. Hitze reduzieren und ca. 45 Minuten köcheln lassen.

In einer großen Pfanne das Öl erhitzen und die enthäuteten, fein gehackten Zwiebeln darin glasig dünsten. In einem Mörser die enthäuteten, zerhackten Knoblauchzehen und die zerhackten Walnüsse zerstampfen, beides zu den Zwiebeln geben und einige Minuten dünsten. Die Pfanne beiseite stellen.

Das Huhn aus dem Sud nehmen, den Sud in ein Gefäß füllen und erkalten lassen. Das Fett abschöpfen.

350 bis 400 ml von der Brühe mit der Paste in der Pfanne verrühren. Mit Zimt, Kurkuma, Nelkenpulver, Cayenne-Pfeffer, schwarzem Pfeffer, Salz und Weinessig würzen. Je einen TL zerhackten Koriander, Estragon und Petersilie untermischen.

Die Huhnstücke auf einer Platte servieren und die Sauce separat reichen.

Dazu: Vollkornbrot.

Herissa (Hühnergrütze)
armenisch
Für 4 Personen

Zutaten
4 Tassen zerzupftes rohes Hühnerfleisch
1 Tasse Vollkorn-Weizen
1 l Wasser
1/2 l Hühnerbrühe
ein paar Prisen Salz
ein paar Prisen Pfeffer
60 g Butter

Saziwi-Sauce ist ein Klassiker der georgischen Küche und wird zu Fleisch- und Fischgerichten verwendet. Gekochtes Huhn essen die Georgier auch mit Granatapfel-Sauce.

1/2 TL Paprika
etwas Kümmel

Zubereitung
Der Weizen wird in ein Liter kochendes Wasser geschüttet. Den Topf vom Feuer nehmen und eine Nacht lang stehen lassen. Am nächsten Tag einen halben Liter von dem Einweichwasser und einen halben Liter Hühnerbrühe zusammengießen. Weizen und Hühnerfleisch hinzufügen. Den Brei köcheln lassen, bis der Weizen gar ist und alle Flüssigkeit aufgenommen hat. Während des Köchelns salzen und pfeffern. Den Brei mit einem Holzlöffel durchrühren, bis er glatt ist. Die Butter mit Paprika zerlassen und auf die Portionen verteilen. Mit etwas Kümmel bestreuen.

> Herissa heißt »Halleluja«, und dieser Name geht auf eine alte Geschichte zurück. Ein Mönch hatte sich abends über dem Feuer einen Topf mit Grütze aufgehängt. Vom Tagwerk erschöpft, schlief er ein. Als er erwachte und von der Grütze kostete, stellte er fest, dass sie über Nacht eingedickt war und jene wohlschmeckende Konsistenz gewonnen hatte, die für dieses Gericht typisch ist. Begeistert von seiner Entdeckung, rief er »Herissa!«

Kufte-Täbrese (Fleischklöße nach Täbreser Art)
aserbeidschanisch
Für 4 Personen

Zutaten
1 Stange Porree
250 g Lappe (flache gelbe Kichererbsen)
500 g fettarmes Rinderhack
2 Kartoffeln
3 Eier
4 Zwiebeln
1 TL Salz
1 TL Curry
1/2 TL frisch gemahlener schwarzer Pfeffer
1 MS Muskat
1 MS Zimt
1 Prise Safran
1 Strauß Bohnenkraut
1 EL Berberitze
100 g grob gehackte Walnüsse
etwas Pflanzenöl
4 mittelgroße Tomaten

Zubereitung
Den Porree waschen, putzen und seine weißen sowie grünen Teile in Blättchen hacken. Die Lappe in Wasser einweichen und eine Stunde stehen lassen. Danach mehrmals spülen und das Wasser abgießen. Die Lappe in einen Topf füllen und gut mit Wasser bedecken. Die ungeschälten Kartoffeln dazugeben und beides in ca. 20 Minuten gar werden lassen.

Das Rezept entstand in Täbris (Persisch-Aserbeidschan) und ist heute in ganz Aserbeidschan bekannt.

Zwei Eier hart kochen und die Schalen entfernen. Zwei Zwiebeln enthäuten und halbieren. Die Lappe herausnehmen, im Mixer pürieren und in eine große Schüssel tun. Rinderhack und Zwiebeln pürieren, hinzufügen und alles verkneten. Kartoffeln pellen, grob pürieren und mit dem Porree daruntermischen. Salzen und pfeffern, Curry, Muskat, Zimt, Safran und einen EL gehacktes Bohnenkraut darangeben. Ein Ei zerschlagen, damit den Teig geschmeidig machen und nochmals durchkneten.

In einem großen Topf zwei enthäutete, gewürfelte Zwiebeln in Pflanzenöl glasig schmoren. Die Hälfte der Zwiebeln herausnehmen und in einer Schale mit einem EL Berberitze und den Walnüssen vermischen. Den Teig zu vier großen runden Klößen formen. In die Mitte eine Vertiefung drücken, die Walnuss-Mischung hineingeben und obendrauf ein halbes, hart gekochtes Ei setzen. Die Mulde wieder mit Teig verschließen.

Die Klöße zu den verbliebenen Zwiebeln in den Topf legen, vier ganze Tomaten hinzufügen und so viel Wasser auffüllen, dass der Topfinhalt gut bedeckt ist. Klöße und Tomaten 60 Minuten garen lassen und auf einer Platte anrichten.

Zubereitungszeit: ca. zwei Stunden.

Schaschlyk (Lammspieße)
georgisch
Für 4 Personen

Zutaten
1 große scharfe Zwiebel
1 Zitrone
2 EL Olivenöl
1 TL Salz
2 MS frisch gemahlener schwarzer Pfeffer
1 kg Lammfleisch vom Rücken, in 3–4 cm große Würfel geschnitten
8 feste Tomaten
10 grüne Pfefferschoten, die eine Hälfte scharf, die andere Hälfte mild
1 Bund Frühlingszwiebeln
1 Bund Petersilie
1 Fladenbrot

Schaschlyk ist in Armenien und Aserbeidschan ebenso verbreitet. Dazu kann man auch die georgische Tkemali-Sauce reichen, eine Sauce aus gekochten, sauren gelben Pflaumen, Knoblauch, Koriander, Salz, Pfeffer und Zitronensaft.

Zubereitung
In einer großen Schüssel eine geriebene Zwiebel, Zitronensaft, Olivenöl, Salz und Pfeffer verrühren. Die Fleischstücke hineinlegen und drei Stunden durchziehen lassen. Alle Stunde umwenden.

Die Fleischstücke herausnehmen. Nacheinander ein Fleischstück, ein halbes Tomatenstück, ein Fleischstück, ein Pfefferschotenstück im Wechsel auf Spieße stecken. Jeder Spieß sollte ca. 10 Fleischwürfel haben. Die Spieße auf dem Holzkohlengrill 15 Minuten lang unter Drehen durchbraten. Mit einem Stück Fladenbrot die Würfel von den Spießen auf vorgewärmte Teller streifen.

Dazu reicht man einen Teller mit den restlichen klein geschnittenen Tomaten, Frühlingszwiebeln und der Petersilie.

Tapaka-Hähnchen
armenisch und georgisch
Für 4 Personen

Zutaten

2 junge Hähnchen
1 große Zwiebel
3 Knoblauchzehen
1/2 TL Rosenpaprika
2 bis 3 EL Pflanzenöl
1 Bund Koriander
1 Bund glattblättrige Petersilie
1 Bund Estragon
1 Bund Frühlingszwiebeln
Salz
Pfeffer

Zubereitung
Die Hähnchen waschen, ausnehmen und trocknen. Längsseitig in zwei gleiche Hälften teilen und breitdrücken (wenn nötig, mit einem Fleischklopfer flach schlagen). Das Innere mit der grob gewürfelten Zwiebel füllen.

Die Hähnchen von beiden Seiten mit dem zerpressten Knoblauch, Rosenpaprika, Salz und Pfeffer einreiben und in eine breite, hochrandige Pfanne legen. Einen flachen Teller, der im Durchmesser kleiner als die Pfanne ist, darüberlegen und diesen mit einem Gewicht beschweren, damit die Hähnchen dicht am Pfannenrand anliegen. Bei mittlerer Hitze von beiden Seiten anbraten, bis sich eine goldbraune Kruste gebildet hat, und 45 Minuten schmoren lassen.
Koriander, Petersilie, Estragon und Früh-

Anmerkung:
Der Name des Gerichts leitet sich ab von armenisch »tapa«, d. h. breite Bratpfanne.

lingszwiebeln fein hacken und damit vor dem Servieren die Hähnchen bestreuen.

Dazu: Vollkorn-Fladenbrot und grüner Salat.

Fisch

Lachsforelle mit Haselnuss-Sauce
aserbeidschanisch
Für 4 Personen

Zutaten

1 große Lachsforelle, 1 kg
4 EL Pflanzenöl
etwas Vollkornmehl
1 Zwiebel
Salz, Pfeffer
Für die Sauce:
80 g Haselnüsse
etwas Butter
3 Knoblauchzehen
1 Zitrone
Salz
1 MS Koriander
1 MS Kurkuma
1 1/2 Tassen Wasser
3 TL Pfeilwurzpulver
1 Bund Dill

Zubereitung
Die ausgenommene, von Kopf und Schwanz befreite Forelle waschen, in Stücke schneiden, mit Zitronensaft be-

träufeln, salzen und pfeffern. Mit Mehl bestäuben und mit Pflanzenöl in einer Pfanne bräunen. Die enthäutete Zwiebel in grobe Stücke schneiden und separat bräunen, danach auf den Fisch legen. Die Fischportionen mit dem Öl und den Zwiebelstücken in einen Bräter legen, den Bräter in den vorgeheizten Backofen schieben. Das Ganze zehn Minuten garen.

Währenddessen die Sauce zubereiten: Butter in einer Kasserolle zerlassen, die gehackten Knoblauchzehen anschmoren. Die grob gemahlenen Haselnüsse dazugeben. Nach und nach das Wasser hinzufügen, salzen, eine MS Koriander und eine MS Kurkuma sowie den Saft einer halben Zitrone daruntermischen. Pfeilwurzpulver mit etwas Wasser verrühren und damit die Sauce binden. Am Schluss den gehackten Dill unterziehen. Die Sauce auf die Fischstücke geben.

Dazu: Reis.

Rotbarsch mit Gemüse-Füllung
georgisch
Für 4 Personen

Zutaten

1 kg Rotbarsch als ganzer Fisch
2 mittelgroße Zwiebeln
4 Knoblauchzehen
1/2 Knolle Sellerie
2 große Mohrrüben

Forelle servieren die Aserbeidschaner und Georgier auch mit Granatapfel-Sauce. Oder mit einem Chutney aus Granatapfelkernen, Orange und Frühlingszwiebeln, beides in Stückchen geschnitten, Zitronensaft, Cayenne-Pfeffer, Paprika edelsüß sowie zerhacktem Chili und Koriander.

4 EL Pflanzenöl
1 Prise Salz
1 Prise Kurkuma
2–3 Zitronen
1 Bund Koriander
1 Bund Dill
Für die Hautritzen:
1 TL Salz
1/2 TL frisch gemahlener schwarzer Pfeffer
1/2 TL frischer gehackter Majoran

Zubereitung

Zwiebeln, Knoblauchzehen, Sellerie und Mohrrüben fein hacken und in einem großen Topf in Pflanzenöl anschmoren. Mit Salz und Kurkuma würzen.

Den vom Fischhändler vorbereiteten Fisch (entschuppt und ohne Innereien) säubern, mit Zitronensaft beträufeln und salzen. In eine eingeölte feuerfeste Form legen. Die Fischhaut auf beiden Seiten kreuzförmig einritzen und die Spalten mit der Salz-Pfeffer-Majoran-Mischung füllen. Den Herd vorheizen.

Die Hälfte der Gemüse-Füllung mit der Hälfte des Korianders und Dills, beides fein gehackt, und mit den Zitronenscheiben in die Bauchhöhle legen. Die andere Hälfte, ebenfalls mit Zitronenscheiben, Koriander und Dill, oben auf den Fisch geben. Alles noch einmal mit Zitronensaft beträufeln.

Die Form in den Ofen schieben und das Gericht bei 200 Grad 35 bis 40 Minuten garen.

Dazu: frische Kartoffeln mit Butter.

Zander mit Tomaten-Sauce
georgisch
Für 4 Personen

Zutaten

1 großer Zander, 1 kg
1 Zwiebel
1 EL Butter
Salz
1 Zitrone
1/8 l Wasser
Für die Sauce:
2 EL Butter
4 Knoblauchzehen
5 mittelgroße Tomaten
2 milde grüne Pfefferschoten
1 Töpfchen Basilikum
1 Sträußchen Oregano
1 Prise Salz
1 Prise Pfeffer
1 Becher Schmand

Zubereitung

Den Fisch waschen, ausnehmen, von Kopf und Schwanz befreien. Salzen, mit Zitronensaft beträufeln und in Portionen teilen. In eine Schmorpfanne legen, mit einer grob gewürfelten Zwiebel belegen und etwas Butter darübergeben. Ein Achtelliter Wasser zufügen und die Fischstücke 20 Minuten zugedeckt dünsten.

In einem mittelgroßen, flachen Topf die zerhackten Knoblauchzehen anschmoren. Die enthäuteten, vom Mark befreiten Tomaten und die zerhackten Pfefferschoten dazugeben. Mit der

Gelingt leicht und geht schnell.

Fischbrühe aus der Pfanne auffüllen. Salzen, pfeffern und den Schmand sowie die zerhackten Basilikum- und Oregano-Blätter unterrühren.

Den Fisch mit den Zwiebeln in eine Form legen, nochmal mit etwas Zitronensaft beträufeln und die Sauce einfüllen.

Dazu: Reis oder Vollkornbrot.

Desserts

Aprikosen-Speise
Für 4 Personen

Zutaten

500 g ungeschwefelte getrocknete Aprikosen
4 EL Wasser
250 g Schlagsahne
25 g grüne Pistazienkerne

Zubereitung

Aprikosen eine Stunde in Wasser einweichen. Das Wasser – bis auf vier EL – abgießen.

Die Aprikosen gut abtrocknen und in einen Topf legen. Die vier EL Wasser dazugeben und die Aprikosen unter Rühren erwärmen.

Die Pistazien in einem Mixer zermahlen, die Sahne steif schlagen.

Die warmen Aprikosen mit dem Saft auf Dessertteller geben, je eine Haube Sahne daraufsetzen und mit den gemahlenen Pistazien bestreuen.

Feigen mit Orangen-Püree
Für 4 Personen

Zutaten

8 frische Feigen
2 große Orangen
2 TL Pfeilwurzpulver
etwas Wasser
2 EL Honig
1 Zitrone
1 Schuss Cointreau

Zubereitung
Die geschälten, zerteilten Orangen im Mixer pürieren. Pfeilwurzpulver in etwas Wasser verrühren, in einen Topf geben und erhitzen. Orangen-Püree hinzufügen. Mit Honig, ausgepresstem Zitronensaft und Cointreau abschmecken. Die enthäuteten Feigen halbieren und auf Dessertschalen verteilen. Das Orangen-Püree darübergeben.

Melonen-Salat
Für 4 Personen

Zutaten

1 Galia-Melone
1 Orange
1 Dolde Weintrauben
50 g Haselnüsse
1 Zitrone
1 EL Honig
2 TL Rosenwasser

Je nach Geschmack kann man das Orangen-Püree warm oder kalt servieren.

Gelingt leicht und geht schnell.

Zubereitung
Melone zerschneiden, das Fleisch würfeln. Orange schälen, das Fruchtfleisch in kleine Stücke schneiden. Weintrauben waschen und Trauben abzupfen.

Saft der Zitrone, Honig und Rosenwasser vermischen. Melonen- und Orangenstückchen und die Trauben in die Marinade geben und vorsichtig vermischen. Am Schluss Haselnüsse darüberstreuen.

Milchspeise mit Zimt
Für 4 Personen

Zutaten

2 Tassen Milch
1/2 Tasse Ahorn-Sirup oder dunkler flüssiger Honig
1/4 Tasse Wasser
1/4 Tasse Pfeilwurzpulver
1 TL Zimt

Zubereitung
Milch und Ahorn-Sirup werden zum Kochen gebracht, Wasser und Pfeilwurzpulver miteinander verrührt und nach und nach zur Milch gegeben. Unter fortwährendem Rühren warten, bis sich Blasen bilden. Danach noch fünf Minuten weiterrühren, bis alles schön sämig ist. In Dessertschalen füllen und erkalten lassen. Danach mit Zimt bestreuen.

Ssari Schile (Gelber Reispudding)
aserbeidschanisch
Für 4 Personen

Zutaten

200 g sehr weicher Rundkornreis
1/2 l Wasser
1 TL Kurkuma
3 EL Rosenwasser
4 EL Ahorn-Sirup oder dunkler flüssiger Honig
1 Prise Safran
100 g Mandelsplitter
Zimt

Zubereitung

Den Reis mehrmals spülen und mit einer Prise Safran über Nacht in wenig Wasser einweichen.

Die Masse in einen Topf geben und unter ständigem Rühren zum Kochen bringen. Nach und nach das Wasser hinzufügen. Mandelsplitter sowie Kurkuma und Rosenwasser dazutun. Am Schluss Ahorn-Sirup oder Honig unterrühren.

In Schälchen füllen, erkalten lassen und kreuzförmig mit Zimt bestreuen.

Wer frische Mandeln verwenden möchte, legt diese in heißes Wasser, bis sich die Haut ablöst, und zerhackt sie dann.

Gelingt leicht. Sie können Ssari Schile als Dessert oder als Zwischenspeise servieren. In Aserbeidschan wird es zu Festtagen und als Freundschaftsbeweis verschenkt.

Gebackenes

Chatschapuri (Käsebrot)
georgisch
Für 4 Personen (ca. 16 Stück)

Zutaten

3 EL Butter
100 ml lauwarmes Wasser
2 1/2 TL Trockenhefe
2 TL brauner Zucker
275 g Weizen-Vollkornmehl
1 TL Salz
400 g Feta (als dänischer Weichkäse mit 45 % Fettanteil)
2 Eier
2 EL Estragon

Zubereitung

In einer Kasserolle zwei EL Butter zerlassen. Abkühlen lassen.

In einer Schüssel Wasser, Hefe und braunen Zucker miteinander verrühren und die Mischung 15 Minuten an einem warmen Ort stehen lassen, bis sie schaumig ist. In einer großen Schüssel 225 g Mehl und das Salz vermischen. In die Mitte eine Vertiefung drücken und die Hefemischung und die zerlassene Butter hineingeben. Alles zu einem knetbaren Teig verrühren.

Den Teig auf ein bemehltes Brett legen und fünf Minuten lang mit den Händen durchkneten. Dabei nach und nach das restliche Mehl hinzufügen. Den geschmeidigen Teig in eine mit Butter eingefettete Schüssel legen und wenden, so dass beide Seiten mit Butter bestrichen sind. Mit einem Tuch abdecken und eine Stunde an einen warmen Ort stellen, bis der Teig aufgegangen ist.

In einer anderen Schüssel den zerkrümelten Käse, ein Ei und die restliche Butter zu einer glatten Masse verrühren. Den Teig aus der Schüssel nehmen, auf einem Brett zu einem flachen Rechteck formen und in pastetengroße Quadrate teilen.

Die Teigstücke auf einem eingefetteten Backblech anordnen. Auf jedes Quadrat eine Portion Käsemischung setzen und den Teig jeweils an allen vier Enden zu einer Tasche umschlagen.

Den Backofen bei 190 Grad vorheizen. Das zweite Ei mit etwas Wasser verquirlen und die Käsetaschen damit bestreichen. 15 Minuten an einem warmen Ort ruhen lassen. Dann die Käsetaschen in 15 bis 20 Minuten knusprig backen. 15 Minuten abkühlen lassen, mit dem Estragon bestreuen und warm servieren.

Kuka
(Kaukasisches Rundbrot)

Zutaten

| 1 Päckchen Hefe |
| 500 g Weizen-Vollkornmehl |
| 1/8 l Wasser |
| 1 TL Salz |
| 1 Eigelb |

Dänischen Feta erhält man in türkischen Spezialgeschäften – die Türken machen damit ein ähnliches Käsegebäck. Aus diesem Teig backen die Georgier auch einen einzigen großen Brotlaib.

| 1/2 TL Honig |
| 1 TL Olivenöl |
| Sesamkörner |

Zubereitung

Hefe in lauwarmem Wasser anrühren. Hefemischung, Mehl und Salz in einer großen Schüssel verkneten. Falls die Masse noch zu bröckelig ist, etwas Wasser hinzufügen. Die Schüssel mit einem Tuch bedecken und den Teig bei Zimmertemperatur (ca. 20 Grad) eine Stunde lang ruhen lassen, bis er aufgegangen ist.

Auf einem bemehlten Brett den Teig zu einem Fladen formen. In die Mitte eine Vertiefung drücken. Eigelb mit Öl und Honig verquirlen, etwas davon in die Vertiefung geben und mit dem Rest den Teig bestreichen. Mit Sesamkörnern bestreuen und in dem auf 200 Grad vorgeheizten Backofen in 30 Minuten goldgelb backen.

Die 14-Tage-Entschlackungskur

Diese nach den Ernährungsgrundlagen der kaukasischen Küche erstellten Rezepte sind für eine Person mit insgesamt 1000 Kalorien pro Tag berechnet.

Frühstück
Brötchen mit Putenbrust

Ein Vollkornbrötchen halbieren, mit 10 g Butter bestreichen. 40 g Putenbrustaufschnitt und einen kleinen Apfel in Spalten darauf geben.
Dazu: 150 ml Orangensaft.

Zwischendurch
75 g Weintrauben

Mittagessen
Rote Linsen-Suppe

Zutaten
1 Fenchelknolle (250 g)
2 Möhren (150 g)
1 TL Öl (5 g)
1/2 l Hühnerbrühe
30 g rote Linsen
Salz, Pfeffer, Koriander

1. Tag

Zubereitung
Klein geschnittenes Gemüse im heißen Öl andünsten. Brühe zugießen und ca. zehn Minuten kochen. Linsen zugeben, weitere fünf Minuten garen. Abschmecken.

Zwischendurch
1 Becher Magermilchjogurt (150 g)

Abendessen
Gemüseplatte mit Kräuterdip

Zutaten
1 Paprikaschote (150 g)
250 g Möhren
1 Becher Vollmilchjogurt (150 g)
1 zerdrückte Knoblauchzehe
Salz, Pfeffer
1 EL gehacktes Basilikum
1 Scheibe Vollkornbrot (50 g)
1/2 TL Öl

Zubereitung
Gemüse putzen, waschen und in Stücke schneiden. Jogurt, Knoblauch, Gewürze und Basilikum verrühren. Brotwürfel im heißen Öl rösten. Alles anrichten.

Frühstück
Tomaten-Brötchen mit Ei

Ein Sesambrötchen halbieren, mit 10 g Butter bestreichen. Mit 100 g Tomatenscheiben und einem geviertelten Ei belegen.
  Dazu: 150 g Magermilchjogurt mit 100 ml Mineralwasser verrührt.

Zwischendurch
100 g Melonenfruchtfleisch

Mittagessen
Pellkartoffeln mit Käse-Dip

Zutaten

200 g Kartoffeln
100 g körniger Frischkäse
Salz, Pfeffer
1 zerdrückte Knoblauchzehe
1 gewürfelte Paprikaschote (150 g)
1 TL Schnittlauchröllchen

Zubereitung
Kartoffeln waschen und mit Schale ca. 20 Minuten kochen. Frischkäse und die restlichen Zutaten verrühren, abschmecken. Mit den Pellkartoffeln servieren.

Zwischendurch
1 kleiner Apfel

---

2. Tag

---

3. Tag

Abendessen
Bohnensalat mit Hähnchenbrust

Zutaten

250 g grüne Bohnen, Salz
100 g Hähnchenbrustfilet, Pfeffer
1 TL Öl (5 g)
1 Zwiebel
4 EL Gemüsebrühe
1 EL Obstessig
1 TL gehackte Petersilie
1 TL Sesamsamen (10 g)

Zubereitung
Geputzte Bohnen im Salzwasser ca. 15 Minuten kochen. Hähnchenbrustfilet würzen, im heißen Öl ca. sechs Minuten braten. Herausnehmen. Abgetropfte Bohnen, Fleischscheiben und Zwiebelringe mischen. Brühe, Essig, Petersilie und Gewürze verrühren. Über den Salat geben. Mit Sesam bestreuen.

Frühstück
Melonenreis

30 g Vollkornreis nach Packungsanweisung kochen. 150 g Vollmilchjogurt, eine Prise Zimt, einen TL gehackte Zitronenmelisse verrühren. Mit 125 g gewürfeltem Melonenfruchtfleisch zum Reis geben.
  Dazu: 150 ml Orangensaft.

Zwischendurch
1 Becher Magermilchjogurt (150 g)

Mittagessen
Gemüsepfanne

Zutaten

200 g grüne Bohnen, Salz	
2 Möhren (150 g)	
2 Zwiebeln	
1 Stück Ingwer (5 g)	
1 TL Öl (5 g)	
Pfeffer	
100 ml Gemüsebrühe	
2 Scheiben Putenbrust-Aufschnitt (40 g)	
1 TL geröstete Erdnüsse (10 g)	

Zubereitung

Geputzte Bohnen in Salzwasser ca. 15 Minuten kochen. Möhrenscheiben, Zwiebelwürfel und gehackten Ingwer im heißen Öl andünsten, würzen. Brühe zugießen und ca. zehn Minuten dünsten. Abgetropfte Bohnen, Putenbruststreifen und Erdnüsse zugeben, abschmecken.

Zwischendurch
1/2 Grapefruit

Abendessen
Champignon-Toast

Zutaten

1 Zwiebel	
1 Knoblauchzehe	
1 TL Öl (5 g)	
250 g Champignons	
Salz, Pfeffer	
1 TL gehacktes Basilikum	
2 Scheiben Vollkorntoast (40 g)	
40 g Schafskäse	

Zubereitung

Zwiebel- und Knoblauchwürfel im heißen Öl andünsten. Geviertelte Champignons zugeben und ca. fünf Minuten braten. Würzen. Basilikum untermischen. Toast rösten. Pilze und zerbröckelten Schafskäse darauf verteilen. Unter dem vorgeheizten Grill ca. fünf Minuten überbacken.

---

4. Tag

Frühstück
Vollkornbrot mit Schafskäse

Eine Scheibe Vollkornbrot (50 g) mit einem TL Butter (5 g) bestreichen. Mit 100 g Tomatenscheiben und 30 g gewürfeltem Schafskäse belegen. Mit Petersilie bestreuen.

Dazu: 150 ml Kefir.

Zwischendurch
1 Paprikaschote (150 g) mit
1 EL Magerquark

Mittagessen
Bulgur-Gemüse-Pfanne

Zutaten

40 g Bulgur (Weizenschrot)	
1/8 l Gemüsebrühe	
1 kleine Stange Porree (100 g)	
1 Zwiebel	
1 Knoblauchzehe	
1 TL Olivenöl (5 g)	
200 g Tomaten	
Salz, Pfeffer	
1 EL gehacktes Basilikum	

Zubereitung

Bulgur in die kochende Brühe geben, ca. 15 Minuten ausquellen lassen. Porree putzen, waschen, in Ringe schneiden. Zwiebel- und Knoblauchwürfel im heißen Öl andünsten. Porreeringe zugeben, ca. vier Minuten dünsten. Bulgur und gehäutete Tomatenspalten zugeben, erhitzen. Abschmecken. Basilikum untermischen.

Zwischendurch
1/2 Grapefruit

Abendessen
Fenchel-Salat mit Kalbsfilet

Zutaten

100 g Kalbsfilet
Salz, Pfeffer
1 Fenchelknolle (250 g)
1 Stück Ingwer (5 g)
2 TL Vollmilchjogurt (30 g)
2 EL Gemüsebrühe
1 Vollkornbrötchen

Zubereitung

Kalbsfilet würzen und in einer antihaftversiegelten Pfanne ohne Fett ca. vier Minuten braten. Herausnehmen. In Scheiben schneiden. Fenchelstreifen zugeben. Gehackten Ingwer, Jogurt und Brühe verrühren. Abschmecken. Über den Salat geben.

Dazu: ein Brötchen.

5. Tag

Frühstück
Müsli mit Weintrauben

150 g Magermilchjogurt und Zitronensaft verrühren. 150 g Weintrauben, 30 g Weizenkeimflocken und 10 g gehackte Walnusskerne zugeben.

Dazu: 150 ml Grapefruitsaft.

Zwischendurch
200 g Salatgurke mit 1 EL Magerquark

Mittagessen
Lachsforellenfilet mit Möhren

Zutaten

100 g Lachsforellenfilet
1 TL Zitronensaft
Salz, Pfeffer
1 Zwiebel
1 TL Butter (5 g)
2 Möhren (150 g)
1 Zucchini (100 g)
100 ml Gemüsebrühe
1 TL Senf
1 TL gehackte Petersilie

Zubereitung

Fischfilet waschen, trockentupfen. Säuern, würzen. Zwiebelwürfel im heißen Fett andünsten. Zerkleinertes Gemüse zugeben, ca. drei Minuten andünsten. Brühe und Senf verrühren, zugießen, Lachsforellenfilet darauflegen und ca. zehn Minuten garen. Mit Petersilie bestreuen.

Zwischendurch
1/2 Grapefruit

Abendessen
Fladenbrot mit Lammfilet

Zutaten

100 g Magermilchjogurt
1 Knoblauchzehe
Salz, Pfeffer
1 TL Schnittlauchröllchen
150 g Tomaten
75 g Lammfilet
1/2 TL Olivenöl
50 g Fladenbrot

Zubereitung
Jogurt, zerdrückte Knoblauchzehe, Salz, Pfeffer und Schnittlauch verrühren, abschmecken, Tomatenachtel zugeben. Lammfilet-Scheiben im heißen Öl ca. eine Minute braten. Würzen. Herausnehmen und mit den vorbereiteten Zutaten anrichten.
  Dazu: Fladenbrot.

Zwischendurch
1 kleiner Apfel

Mittagessen
Kartoffeln mit Spinat

Zutaten

1 Knoblauchzehe
1 Zwiebel
5 EL Gemüsebrühe
250 g Blattspinat
1 Tomate (100 g)
Salz, Pfeffer, Muskat
200 g Pellkartoffeln
1 TL Olivenöl (5 g)
1/2 TL Pekannüsse (5 g)

Zubereitung
Knoblauch- und Zwiebelwürfel in Brühe andünsten. Geputzten Spinat zugeben, ca. fünf Minuten dünsten. Tomate häuten, in Würfel schneiden und untermischen. Abschmecken. Kartoffeln pellen, vierteln und im heißen Öl kurz anbraten. Würzen. Zum Spinat geben. Mit den Nüssen bestreuen.

Frühstück
Brot mit Spiegelei und Schafskäse

Eine Scheibe Vollkornbrot (50 g) mit 20 g zerbröckeltem Schafskäse belegen. In einem TL Butter (5 g) ein Spiegelei braten. Auf das Brot geben.
  Dazu: 150 g Magermilchjogurt mit 100 ml Mineralwasser verrührt.

6. Tag

Zwischendurch
1 Becher Magermilchjogurt (150 g)

Abendessen
Reissalat mit Gurke

Zutaten

50 g Vollkornreis, Salz
200 g Salatgurke
1 Paprikaschote (150 g)

1 Zwiebel
5 EL Gemüsebrühe
1 EL Obstessig
Pfeffer, Curry
1 TL Öl (5 g)
1 EL gehackte Korianderblättchen

Zubereitung
Reis in gesalzenem Wasser nach Packungsanweisung kochen. Gurken- und Paprikastreifen und Zwiebelwürfel unter den abgekühlten Reis mischen. Restliche Zutaten verrühren, über den Salat geben. Abschmecken.

Frühstück
Obstsalat

100 g Magerquark, 1 EL Orangensaft und 1 TL Honig (20 g) verrühren. 125 g gewürfeltes Melonenfruchtfleisch, 150 g Apfelspalten und 10 g Walnusskerne zugeben.
   Dazu: 150 ml Tomatensaft.

Zwischendurch
1 Becher Magermilchjogurt (150 g)

Mittagessen
Rinderfilet mit Okraschoten

Zutaten

200 g Okraschoten
2 Zwiebeln (100 g)
125 g Rinderfilet
Pfeffer

7. Tag

1 TL Öl (5 g)
1/2 Chilischote
1 zerdrückte Knoblauchzehe
4 EL Gemüsebrühe
1 TL gehacktes Basilikum

Zubereitung
Okraschoten putzen, waschen. Zwiebeln enthäuten, in Spalten schneiden. Rinderfilet würfeln und im heißen Öl drei Minuten anbraten. Herausnehmen. Gehackte Chilischote, Knoblauch, Okraschoten, Zwiebeln ins Bratfett geben, unter Rühren drei Minuten dünsten. Brühe zugießen und ca. zehn Minuten dünsten. Abschmecken. Fleisch und Basilikum untermischen.

Zwischendurch
75 g Weintrauben

Abendessen
Kartoffelsalat mit roten Linsen

Zutaten

30 g rote Linsen, Salz
200 g Pellkartoffeln
150 g Staudensellerie
2 Lauchzwiebeln
6 EL Gemüsebrühe
1 EL Obstessig
Pfeffer, gemahlener Ingwer
1 TL Öl (5 g)

Zubereitung
Rote Linsen in Salzwasser ca. fünf Minuten kochen. Kartoffeln pellen, in

Scheiben schneiden. Zerkleinertes Gemüse und abgetropfte Linsen zugeben. Restliche Zutaten verrühren, über den Salat geben. Abschmecken.

Frühstück
Brötchen mit Frischkäse

Ein Vollkornbrötchen halbieren, mit 60 g körnigem Frischkäse und 40 g Putenbrust-Aufschnitt belegen.
   Dazu: 1 Paprikaschote (150 g) und 100 ml Orangensaft.

Zwischendurch
1 Glas Buttermilch (150 ml) mit 1 TL gehackter Petersilie

Mittagessen
Reispfanne

Zutaten

30 g Vollkornreis, Salz	
1 Paprikaschote (150 g)	
1 Zucchini (100 g)	
1 TL Olivenöl (5 g)	
5 EL Gemüsebrühe	
1 EL Tomatensaft	
20 g schwarze Oliven	
Pfeffer	

Zubereitung
Reis in Salzwasser nach Packungsanweisung kochen. Zerkleinertes Gemüse im heißen Öl andünsten. Mit Brühe und Tomatensaft ablöschen und ca. zehn Minuten dünsten. Abgetropften Reis und Oliven untermischen. Abschmecken.

Zwischendurch
1 kleine Orange

Abendessen
Fenchel-Möhren-Salat

Zutaten

1 Fenchelknolle (250 g)	
2 Möhren (150 g)	
100 g Magermilchjogurt	
Salz, Pfeffer, Curry	
1 Knoblauchzehe	
1 TL Olivenöl (5 g)	
1 Scheibe Vollkornbrot (50 g)	

Zubereitung
Geputztes Gemüse in feine Scheiben hobeln. Jogurt und Gewürze verrühren, abschmecken, darübergeben. Knoblauchwürfel im heißen Öl andünsten. Brotwürfel zugeben, anrösten und über den Salat streuen.

8. Tag

9. Tag

Frühstück
Quarkspeise mit Aprikose

200 g Magerquark und zwei EL Orangensaft verrühren. 30 g getrocknete Aprikosenwürfel, 100 g Melonenfruchtfleisch und 5 g gehackte Pistazienkerne zugeben.
   Dazu: 150 ml Grapefruitsaft.

Zwischendurch
1 Becher Magermilchjogurt (150 g)

Mittagessen
Gebratenes Zanderfilet

Zutaten

1 Fenchelknolle (250 g)
100 g Kartoffeln
100 ml Gemüsebrühe
Curry
100 g Zanderfilet
1 TL Zitronensaft
Salz, Pfeffer
1/2 TL Öl

Zubereitung
Fenchel- und Kartoffelstücke in kochender Brühe mit Curry ca. 15 Minuten garen. Zanderfilet waschen, trockentupfen. Säuern. Würzen. Im heißen Öl ca. acht Minuten braten. Mit dem Gemüse anrichten.

Zwischendurch
1 kleiner Apfel

Abendessen
Quark-Brötchen

Zutaten

1 Sesambrötchen
150 g Magerquark
1 zerdrückte Knoblauchzehe
1 TL gehackte Petersilie
Salz, Pfeffer, Paprikapulver
1 Paprikaschote (150 g)
1 TL Sesamsamen (10 g)

Zubereitung
Brötchen halbieren. Quark, Knoblauch, Petersilie, Gewürze und Paprikawürfel verrühren. Abschmecken. Auf die Brötchen-Hälften verteilen. Mit Sesam bestreuen.

10. Tag

Frühstück
Brötchen mit Schafskäse

Ein Vollkornbrötchen halbieren, mit 200 g Salatgurke in Scheiben, 50 g gewürfeltem Schafskäse und Basilikumblättchen belegen.
Dazu: 150 ml Kefir.

Zwischendurch
1 Becher Magermilchjogurt (150 g)

Mittagessen
Paprika-Hähnchenkeule mit Gemüse

Zutaten

1 Hähnchenkeule (200 g)
Salz, Pfeffer
1/2 TL Öl
1 Paprikaschote (150 g)
2 Lauchzwiebeln,
1/2 Chilischote
Paprikapulver
3 EL Gemüsebrühe

11. Tag

Zubereitung
Hähnchenkeule waschen, trockentupfen, würzen und im heißen Öl ca. 30 Minuten braten. Zerkleinertes Gemüse und gehackte Chilischote zugeben, anbraten. Fleisch mit Paprika würzen. Brühe zugießen und ca. zehn Minuten weitergaren. Abschmecken.

Zwischendurch
75 g Weintrauben

Abendessen
Linsensalat

Zutaten

30 g rote Linsen, Salz
1 hart gekochtes Ei
100 g Staudensellerie
2 Möhren (150 g)
5 EL Gemüsebrühe
1 zerdrückte Knoblauchzehe
Pfeffer, gemahlener Koriander
1 EL Obstessig
1 TL Öl (5 g)

Zubereitung
Linsen in gesalzenem Wasser ca. fünf Minuten garen. Abtropfen lassen. Ei pellen, vierteln. Gemüsestreifen, abgetropfte Linsen und Ei mischen. Brühe hinzufügen. Restliche Zutaten verrühren, darübergeben. Abschmecken.

Frühstück
Müsli mit Aprikosen

150 g Apfelspalten, 20 g getrocknete Aprikosenwürfel und 30 g Weizenkeimflocken mischen. 150 g Magermilchjogurt und etwas Orangensaft verrühren, darübergeben. Mit 10 g Mandelblättchen bestreuen.

Dazu: 150 ml Orangensaft.

Zwischendurch
1 kleine Orange

Mittagessen
Kartoffelsuppe

Zutaten

1 Knoblauchzehe
1 Zwiebel
200 g Kartoffeln
150 g Knollensellerie
1 TL Olivenöl (5 g)
Salz, Pfeffer
1/2 l Gemüsebrühe
1 Stange Porree (100 g)

Zubereitung
Knoblauch- und Zwiebelwürfel im heißen Öl andünsten. Kartoffel- und Selleriestücke zugeben, andünsten. Würzen. Brühe zugießen, 15-20 Minuten kochen. Porreeringe zehn Minuten mitkochen. Abschmecken.

Zwischendurch
1/4 l Tomatensaft

12. Tag

Abendessen
Bulgur-Salat

Zutaten
50 g Bulgur (Weizenschrot)
200 ml Gemüsebrühe
200 g Salatgurke
100 g Tomaten
5 g Walnusskerne
1 EL Zitronensaft
etwas abgeriebene Schale einer unbehandelten Zitrone
Pfeffer, Salz, Curry
1 TL Öl (5 g)

Zubereitung
Bulgur in 150 ml kochende Brühe geben, ca. 15 Minuten ausquellen lassen. Gurkenscheiben und Tomatenachtel unter den abgekühlten Bulgur heben. Walnüsse hacken. Restliche Zutaten und 50 ml Brühe verrühren, über den Salat geben. Mit Walnüssen bestreuen.

Frühstück
Brot mit Rührei

Eine Scheibe Vollkornbrot (50 g) mit 100 g Tomatenscheiben belegen. Aus einem Ei in einem TL Butter (5 g) ein Rührei zubereiten. Auf das Brot geben.
   Dazu: 150 g Magermilchjogurt mit 100 ml Mineralwasser verrührt.

Zwischendurch
100 g Melonenfruchtfleisch

Mittagessen
Kabeljaufilet mit roten Linsen

Zutaten
100 g Kabeljaufilet,
1 TL Zitronensaft
Salz, Pfeffer
200 g Staudensellerie
1 Stück Ingwer (5 g)
30 g rote Linsen
150 ml Gemüsebrühe
1 TL Öl (5 g)

Zubereitung
Kabeljaufilet waschen, trockentupfen und säuern. Würzen. Fein geschnittenen Sellerie und gehackten Ingwer in die kochende Brühe geben und ca. acht Minuten garen. Linsen ca. fünf Minuten mitgaren. Fisch im heißen Öl ca. sieben Minuten braten.

Zwischendurch
100 ml Buttermilch mit 1 TL gehackter Petersilie

Abendessen
Brötchen mit Kalbsmedaillon

Zutaten
2 EL Vollmilchjogurt (50 g)
Curry, Salz, Pfeffer,
100 g Kalbsfilet
1 TL Öl (5 g)
1 Lauchzwiebel
1 Orange
1 Vollkornbrötchen (50 g)

Zubereitung
Jogurt und Gewürze verrühren, abschmecken. Kalbsfilet waschen, trockentupfen, würzen und im heißen Öl ca. vier Minuten braten. Lauchzwiebelstücke und Orangenfilets kurz mitbraten. Herausnehmen. Mit Jogurt und Brötchen anrichten.

Frühstück
Obstsalat

150 g Weintrauben und 125 g gewürfeltes Melonenfruchtfleisch mischen. 150 g Magermilchjogurt und 10 g gehackte Haselnüsse darübergeben.
   Dazu: 150 ml Grapefruitsaft.

Zwischendurch
1 kleiner Apfel

Mittagessen
Lammfilet mit Bohnen

Zutaten

250 g grüne Bohnen, Salz
100 g Kirschtomaten
100 g Lammfilet
Pfeffer
1 Knoblauchzehe
1 TL Öl (5 g)
1 TL Zitronensaft
Rosmarin

13. Tag

Zubereitung
Geputzte Bohnen in Salzwasser ca. 15 Minuten garen. Kirschtomaten waschen, halbieren. Lammfilet würzen und im heißen Öl ca. vier Minuten braten. Knoblauchwürfel mitbraten. Herausnehmen. Zitronensaft, Rosmarin, abgetropfte Bohnen und Tomaten ins Bratfett geben, zwei Minuten braten.

Zwischendurch
1/4 l Tomatensaft mit einem Spritzer Tabasco

Abendessen
Brötchen mit Schafskäse-Salat

Zutaten

40 g Schafskäse
1 Paprikaschote (150 g)
20 g schwarze Oliven
1 EL gehackte Korianderblättchen
3 EL Gemüsebrühe
1 TL Zitronensaft
Salz, Pfeffer
1 Roggen-Vollkornbrötchen.

Zubereitung
Schafskäse würfeln. Mit Paprikastreifen, Oliven und Koriander mischen. Brühe, Zitronensaft und Gewürze verrühren, darübergeben.
   Dazu: ein Brötchen.

14. Tag

Frühstück
Sesambrötchen mit Käse

Ein Sesambrötchen halbieren. 60 g körnigen Frischkäse und einen kleinen Apfel in Spalten daraufgeben. Mit 10 g gehackten Haselnüssen bestreuen.
Dazu: 150 ml Orangensaft.

Zwischendurch
100 g Melonenfruchtfleisch

Mittagessen
Omelette mit Schafskäse

Zutaten

100 g Pellkartoffeln
1 Paprikaschote (150 g)
1 TL Öl (5 g)
Salz, Pfeffer
1 Ei
1 Fl Mineralwasser
20 g Schafskäse
1 EL Basilikumblättchen

Zubereitung

Kartoffeln pellen, in Scheiben schneiden. Paprikawürfel im heißen Öl fünf Minuten dünsten. Kartoffeln zugeben, anbraten, würzen. Ei mit Mineralwasser verquirlen, würzen, darübergießen und zugedeckt fünf Minuten stocken lassen. Zerbröckelten Schafskäse darübergeben, schmelzen lassen. Mit Basilikum bestreuen.

Zwischendurch
1 Becher Magermilchjogurt (150 g)

Abendessen
Bohnensalat

Zutaten

250 g grüne Bohnen, Salz
40 g Bulgur
1/8 l Gemüsebrühe
1 Zwiebel
150 g Kirschtomaten
Pfeffer, Tabasco
1 EL gehackte Petersilie
1 TL Öl (5 g)

Zubereitung

Geputzte Bohnen in Salzwasser ca. 15 Minuten kochen. Bulgur in die kochende Brühe geben, ca. 15 Minuten ausquellen lassen. Zwiebelwürfel, Tomatenhälften, abgekühlte Bohnen und Bulgur mischen. Restliche Zutaten verrühren, darübergeben.

Erotisierende Nahrungsmittel

Die Kaukasier sind nicht nur allgemein in bester Kondition, sondern pflegen auch ein lange währendes Liebesleben. Kein Wunder: Viele vitalisierende Nahrungsmittel haben sie ja quasi vor der Haustür, und da sie diese chemisch nicht verändern, können sie auch ihre volle erotisierende Kraft entfalten.

Natürlich ist vieles dabei auch reiner Glaube und angenehmes Wunschdenken. Andererseits gibt es aber auch nachweisliche Wirkungen: Bestimmte Nahrungsmittel fördern z. B. die Durchblutung, regen den Kreislauf an, spenden Energie und sind gleichzeitig leicht verdaulich.

Die sexuell stimulierende Wirkung von Eiern und Fisch ist ja allgemein bekannt. Sie steckt aber auch in vielem anderen, was im Kaukasus wächst und gedeiht. Man braucht also nur zuzugreifen und kann sich mit den täglichen Mahlzeiten zugleich ein Quantum Liebeskraft einverleiben. Manches, wie Ingwer und Muskat, ist zwar importiert, gehört aber längst zum Speisezettel. Hier ein paar Beispiele – es muss ja nicht unbedingt der kaukasische Hammelhoden sein!

Ein langes Liebesleben – mehr als eine schöne Legende.

Alles, was belebt, wirkt auch hier.

ANIS: Die Heil- und Gewürzpflanze wächst im östlichen Mittelmeergebiet. Anis galt schon bei den Griechen und Römern als Aphrodisiakum. Das in ihm enthaltene wohlriechende, ätherische Öl verfeinert Speisen und macht sie bekömmlicher. Im »New Kreüterbuch« des Leonhart Fuchs aus dem Jahr 1543 heißt es: »Weiter so bringt Anis den Weibern die Milch und mehret die Lust zur Unkeuschheit.« Anis wirkt überdies anregend, entkrampfend und hustenlösend.

Als Gewürz verwendet man ihn in Form von Samen für Speisen (z. B. süßes Gebäck) und Getränke.

AUBERGINE: Dieses Nachtschattengewächs ist im Mittelmeerraum zu Hause. Schon wegen ihrer Form gilt die »Eierfrucht« als ausgesprochenes Liebesmittel.

Das leichte, kalorienarme Gemüse wirkt belebend und hilft, mit Reis genossen, gegen Verstopfung.

BASILIKUM: Das aromatische Kraut wächst in Südeuropa und Südasien. In der mediterranen Küche würzt es fast jede Speise. Nach einer haitianischen Überlieferung ist es der Liebesgöttin des Voodoo-Kults, Erzulie, geweiht. In

Indien wird die Tulasi-Pflanze, eine Basilikum-Art, als heilig verehrt. Wer täglich ein Blättchen kaut, darf auf Gesundheit, Fruchtbarkeit und Schutz vor bösen Geistern hoffen.

Das Kraut enthält ätherische Öle, Gerbstoffe und Vitamine, die sehr anregend wirken. Außerdem beflügelt es den Geist – deshalb schätzten es die orientalischen Dichter hoch.

FEIGE: Frucht des Feigenbaums, der im Mittelmeerraum, subtropischen und tropischen Gebieten wächst. Wegen ihrer Form wird sie mit dem weiblichen Geschlechtsteil in Verbindung gebracht, wegen der vielen Kerne gilt sie seit jeher als Symbol der Fruchtbarkeit. Schon in der Bibel diente ein Feigenblatt zur schamhaften Verhüllung der Genitalien.

Feigen werden frisch oder getrocknet angeboten. Saftige Feigen bilden oft die köstliche Krönung eines Liebesmahls.

GRANATAPFEL: Frucht des Granatapfelbaums, der in Südeuropa und im Vorderen Orient verbreitet ist. Wie die Feige symbolisiert der vielsamige Granatapfel Fruchtbarkeit und Lebenskraft. Darüber hinaus galten die Früchte im Altertum als Sinnbild der Liebe und waren als »Liebesäpfel« den Göttinnen Aphrodite und Hera geweiht. Der Paradiesapfel aus dem Alten Testament soll ein Granatapfel gewesen sein.

Man nimmt ihn als Frucht oder Saft zu sich, die Wirkung ist kräftigend.

> Entscheidend ist die Lebensfreude.

HONIG: Bienenhonig wird weltweit gewonnen. Bereits der griechische Arzt Hippokrates soll ihn als Liebesmittel verschrieben haben, und auch sein römischer Kollege Galen war von der lebensverlängernden und erotisierenden Wirkung überzeugt. Met, der Honigwein der Germanen, ist als berauschender Liebestrank bekannt.

Honig kann man, außer als Brotaufstrich, für diverse Speisen anstelle von Zucker verwenden. Er lindert Magenreizungen und Heuschnupfen. Honigprodukte werden auch gegen Unfruchtbarkeit und Impotenz eingesetzt.

INGWER: Ingwer ist der Wurzelstock einer südostasiatischen Staude. Dieser enthält ätherische Öle und liefert das scharf schmeckende Gewürz. Im Koran wird von seinen liebessteigernden Eigenschaften, in der indischen Ayurveda-Lehre von seiner erhitzenden Wirkung auf den Körper und die Liebe gesprochen.

Ingwer kann man frisch oder getrocknet, pulverisiert oder in Sirup eingelegt bekommen und für süße oder pikante Speisen verwenden. Er regt den Kreislauf an, stärkt das Gedächtnis und hilft bei Verdauungsbeschwerden. Ein ausgesprochenes Liebesgewürz.

KNOBLAUCH: Das Liliengewächs stammt aus Zentralasien und wird heute weltweit angebaut. Im alten Ägypten galt Knoblauch als heilig, die Römer weihten ihn der Fruchtbarkeitsgöttin Ceres und schätzten den Saft als potenzsteigernden Trank. Wegen seines unangenehmen schwefligen Geruchs kann man sich mit dem Essen von Knoblauch zwar nicht auf ein Rendezvous vorbereiten, dennoch ist er, wegen seiner bedeutenden gesundheitsfördernden Eigenschaften, indirekt ein Aphrodisiakum: Er wirkt u. a. antibakteriell, blutdrucksenkend und regt den Kreislauf an. Knoblauchesser sind also rundherum vital – natürlich auch in der Liebe.

Mit den gepressten oder zerhackten Zehen von frischem Knoblauch oder mit dem Granulat lassen sich fast alle Gerichte, außer Süßspeisen, würzen.

KORIANDER: Das Kraut wächst in Südeuropa, im östlichen Mittelmeergebiet und in Vorderasien. Der Name ist aus dem Griechischen abgeleitet und bedeutet »Wanzenkraut«. Trotz des strengen Geruchs ist Koriander im Orient seit langem als Aphrodisiakum bekannt. Der Geschmack ist würzig, scharf und bitter.

Angeboten wird Koriander als frisches Kraut oder Gewürzsamen, er passt zu salzigen wie zu süßen Speisen. Als Liebesmittel wirkt er anregend.

MUSKATNUSS: Muskatnuss und Muskatblüte (Macis) sind der Samen bzw. der Samenmantel des tropischen Muskatbaums und werden als Gewürz verwendet. Der hohe Bestandteil von Myristicin im ätherischen Öl der Pflanze wirkt sehr anregend, sexuell stimulierend und, in großen Mengen genossen, sogar berauschend. Unbestritten sind die liebesfördernden Eigenschaften. So empfahl der italienische Arzt Matthiolus (16. Jahrhundert), den Penis mit Muskatöl einzureiben.

Der kräftig-würzige Muskat wird als Nuss oder pulverisiert angeboten und aromatisiert u. a. Gemüse und Süßspeisen.

PETERSILIE: Der Doldenblütler stammt aus dem Mittelmeerraum und wird weltweit kultiviert. Seit dem Altertum werden sowohl Blätter als auch Wurzeln als Küchengewürz geschätzt. Petersilie galt als Symbol für Wiedergeburt und neue Lebenskraft. Sie enthält ein ätherisches Öl, das appetitanregend, harnableitend und in größeren Mengen sexuell stimulierend wirkt. Im Mittelalter wurden die Stängel für Zaubertränke verwendet. Als Aphrodisiakum scheint es eher den Männern zu nützen: »Petersilie hilft dem Mann aufs Pferd, den Frauen unter die Erd'«, lautet ein alter Spruch. Das bedeutet: Bei Männern fördert es die Lust, für Frauen ist es gefährlich, weil es zu einer Abtreibung des Fötus kommen kann.

Was scharf ist, macht auch scharf.

PFEFFER: 700 Arten gehören zu den in Südasien heimischen Pfeffergewächsen. Das Gewürz schmeckt nicht nur mehr oder weniger scharf, sondern ist auch ein wahrer Scharfmacher: Das in ihm enthaltene Piperin reizt die Schleimhäute, kurbelt den Kreislauf an, weckt Appetit und Liebeslust.

Frisch gemahlener Pfeffer gibt fast jedem Gericht den letzten würzigen Kick. Ein Stückchen Pfefferschote in der Suppe hat den gleichen Effekt.

Erotisierende Nahrungsmittel

SAFRAN: Diese Krokusart wächst im Vorderen Orient. Die getrockneten Blütengriffel sollen den Geschlechtstrieb junger Männer und den Uterus stärken. Die Pflanze enthält ein Öl mit erregenden Wirkungen und kann Rauschzustände hervorrufen. Bei zu hoher Dosierung entwickeln sich toxische Eigenschaften.

Safran wird als Gewürz und als Färbemittel für Speisen verwendet. Die Gewinnung der Fäden ist sehr mühsam, daher ist es bis heute ein Luxusgut.

SELLERIE: Das Doldengewächs wurde bereits im alten Ägypten kultiviert. Als Liebesmittel genießt es einen legendären Ruf. Selbst bei Schüchternen bewirke es wahre Wunder, weiß schon der spanische Dichter Lope de Vega zu berichten.

Sellerie enthält ein anregendes ätherisches Öl, es reguliert den Blutdruck und wirkt harntreibend. Auch die Blätter kann man als Gewürz verwenden.

SPARGEL: Schon seine Form macht ihn zum Verführer. Im Kaukasus kennt man grünen Spargel, der nur in Butter sautiert wird. Im alten Indien stärkten Frauen ihre Männer mit dem Sud.

Das Gemüse hat viele Vitamine und Mineralien, ist harntreibend und leicht verdaulich.

TAHINA (Sesampaste): Die Paste wird aus dem Öl von Sesamsamen hergestellt. Sesam ist eine krautige, dem Fingerhut ähnliche Ölpflanze, die in Vorderasien wächst. Die Paste enthält viel Protein und wichtige Aminosäuren. Das ungesättigte Öl ist reich an Vitaminen und Mineralstoffen. Stoffe wie das darin enthaltene Lezithin stärken die Geschlechtsdrüsen, Gehirn und Nerven.

Im Kaukasus streicht man sich die Potenz-Paste, wie in den USA die Erdnussbutter, aufs Brot oder bereitet Saucen und Pürees damit zu. Die Samenkörner verwendet man für Suppen.

TARAMA (Rogen, d. h. Fischeier): Das Ei als Ausgangspunkt des Lebens steht seit jeher bei allen Völkern für Fruchtbarkeit und Sexualität. Rogen ist proteinreich, enthält die Vitamine A, D, E und F, Spurenelemente und – im Gegensatz zu Geflügeleiern – auch noch Kalzium, Jod und Fluor. Das macht ihn besonders nahrhaft. Allerdings ist er auch eine Kalorienbombe. Deshalb werden von Kaviar, dem Rogen des Störs, nur ein paar Löffelchen voll genossen.

Tarama gibt es auch als Fertigpaste, die man sich aufs Brot streichen kann.

WEINTRAUBEN: Viele Vitamine und Mineralien sowie Traubenzucker machen sie zum Fit- und Muntermacher.

Junge süße Trauben werden von den Aserbeidschanern zu einem Saft verarbeitet, der als Aphrodisiakum gilt und zugleich Zuckerersatz ist. Der Saft heißt Doschab, ist aber in Deutschland nicht erhältlich. Dunkler flüssiger Honig oder Ahorn-Sirup sind Alternativen.

WEIN: Er wird seit Jahrtausenden als berauschendes Liebesgetränk geschätzt und natürlich auch von den lebensfrohen Kaukasiern gern genossen.

> Fischeier spenden Liebeskraft.

Heilkräftige Pflanzen und Gewürze

Der Mensch ist, was er isst – diese Weisheit wenden die Kaukasier tagtäglich an. Statt Pillen zu schlucken, sichern sie sich ihre Gesundheit auf die angenehmste und leichteste Art: mit dem Essen.

Viele ihrer Nahrungsmittel enthalten von Natur aus Substanzen, die Krankheiten vorbeugen oder, falls überhaupt welche auftreten, diese lindern oder heilen. Dieses Wissen wird von Generation zu Generation weitergetragen und manifestiert sich u. a. auch in der georgischen Klostermedizin.

Hier nenne ich Ihnen einige heilkräftige Pflanzen und Gewürze im Kaukasus.

ANIS: Die Samen der Pflanze werden als Gewürz angeboten. Sie helfen bei Verdauungsstörungen, bei Erkrankungen der Atemwege und wirken krampflösend. Auch für Tees.

BASILIKUM: Enthält ätherisches Öl mit Kampfer und Eugenol. Kampfer stimuliert den Kreislauf, Eugenol wirkt keimtötend und schmerzstillend. Haupteffekt: Basilikum fördert die Verdauung, daher wird das Kraut vielen Speisen zugesetzt.

Der Mensch ist, was er isst.

Naturbelassen, wohlschmeckend und heilkräftig.

BERBERITZE (Sauerdorn): Auf der Krim und im Kaukasus sind etwa zwölf Berberitzen-Arten bekannt. Die roten länglichen Beeren enthalten sehr viel Vitamin C. Wegen des säuerlichen Geschmacks werden sie gern zu Wildbret, Braten, als Saft oder Marmelade verwendet. Wirkung: blutstillend und gefäßverengend. Vermischt mit Birnensaft, werden Berberitzen bei Schwangerschaftserbrechen gegeben.

BUCHWEIZEN: Im Kaukasus und in Russland ist Buchweizen ein beliebtes Nahrungsmittel. Das in ihm enthaltene Rutin wirkt günstig bei Blutungsneigung, erhöhtem Blutdruck und bei Rheuma. Man verwendet es als Getreide, Tee und Honig.

ESTRAGON (georgischer Beifuß): In dieser Variante ist Estragon eines der meist verwendeten Kräuter in der georgischen Küche. Als starker Karotinspender beugt er Augenschäden vor. Das in ihm enthaltene Darminol wirkt blutdrucksteigernd und schmerzlindernd. Bei Neuralgien empfiehlt sich ein Teeaufguss.

FEIGE: Feigenbäume wachsen überall im Kaukasus. Die Früchte sind ein bewährtes Abführmittel.

FENCHEL: Verwendet werden: die Knolle als Gemüse, das Kraut z. B. zu Fischsaucen und der Samen. Hauptwirkung: krampflösend. Fencheltee hilft bei Verdauungsstörungen und Bauchkrämpfen, Fenchelhonig bei Blähungen und Husten. Das Gemüse ist überdies ein Schlankmacher, denn es baut Fette ab.

GRANATAPFEL: Der Granatapfelbaum (Granatbaum) wächst in Georgien und Aserbeidschan wild, wird aber auch kultiviert. Granatäpfel sind außerordentlich reich an Vitamin C. Sie werden als Früchte verzehrt, der Saft wird für Saucen zu Wildgerichten und für Erfrischungsgetränke verwendet.

KNOBLAUCH: Unentbehrlich nicht nur auf dem kaukasischen Speisezettel und eine der bedeutendsten Heilpflanzen. Knoblauch enthält antibiotische Substanzen, Vitamin C und Jod. Es bekämpft Infektionen, beugt Arteriosklerose vor, reguliert den Blutdruck, ist ein natürliches Medikament bei Diabetes und reduziert das Risiko, Magenkrebs zu bekommen. Dank seiner blutdrucksenkenden Wirkung ist es ein gutes Schlafmittel: Jogurt mit zerhackten Knoblauchzehen kann man sich zumindest am Wochenende gönnen, wenn man mit dem Geruch keine Kollegen oder Geschäftspartner belästigt.

KORIANDER: Eines der beliebtesten Küchenkräuter, vor allem bei den Georgiern. Sie verwenden ihn auch als Granulat, zu Gebratenem, Gemüse und Gebäck. Aus den kugeligen Früchten wird ein Tee bereitet, der bei Verdauungsstörungen hilft. In Georgien sind die Körner Bestandteil von Hämorrhoiden-Tees.

MANDEL: Im Kaukasus werden auch Mandelbäume angebaut. Mandeln, die Samen der Bäume, sind kalorienreiche Energiespender, reich an Vitamin E und sehr kalziumhaltig. Sie senken den Cholesterinspiegel im Blut und beugen Herzerkrankungen vor. Sie wirken beruhigend auf den Magen und helfen bei Sodbrennen. Mandelöl wird Kindern gegen Verstopfung gegeben.

MINZE: Zur Gattung dieser Lippenblütler gehören unendlich viele Arten. Das in ihnen enthaltene Menthol, ein ätherisches Öl, wirkt krampflösend. Die im Orient populäre Grüne Minze wird heute überall kultiviert und für Speisen verwendet. In Georgien wächst auch eine sehr heilkräftige Pfefferminzart. Pfefferminztee hilft bei Magen- und Darmkoliken.

OLIVE: Im Kaukasus werden Olivenbäume an der Schwarzmeerküste, in Georgien und Aserbeidschan kultiviert. Olivenfrüchte enthalten bis zu 70 % fettes Öl, das Olivenöl. Seine Bestandteile, einfach ungesättigte Fettsäuren, beugen Arteriosklerose vor und wirken blutdrucksenkend. In den Mittelmeergebieten und im Kaukasus, wo Olivenöl eine der wichtigsten Ernährungssäulen bildet, findet man daher sehr selten Herz-

Uraltes Wissen – aktueller denn je.

erkrankungen. Olivenöl hilft außerdem bei Magenentzündungen und Gallensteinen.

PETERSILIE: Das Kraut macht Appetit, wirkt anregend auf die Magensaftbildung und harntreibend. Eine Petersilienabkochung hilft bei Blähungen und entwässert. Petersilie ist reich an Vitamin C, Karotinen und Kalzium.

PISTAZIE: Der Baum wird auch im Kaukasus und auf der Krim kultiviert. Pistazien, die grünen Fruchtkerne, enthalten viele Mineralien und sind große Energiespender.

SANDDORN: Den Sanddorn-Strauch findet man wild wachsend im Kaukasus, im europäischen Südrussland und Zentralasien. Die Beeren sind eine Vitamin C-Bombe und bieten Schutz vor Infektionen. Honiggesüßter Sanddorn, dem Müsli zugesetzt, ist ein wohlschmeckender Zuckerersatz. Sanddornöl enthält Vitamin E und Karotin und beschleunigt die Wundheilung.

SESAM: Die ölhaltigen Samen des Krautes sind reich an Vitaminen der B-Gruppe, Vitamin E und Mineralien. Das Öl fördert die Blutgerinnung. Sesamprodukte liefern Energie und führen leicht ab.

WALNUSS: Walnussbäume wachsen auch im Kaukasus. Unter den Samenfrüchten sind Walnüsse die größten Energiespender. Sie liefern mehrfach ungesättigte Fettsäuren, die das Risiko für Herzinfarkt, Blutgerinnsel und Entzündungen senken.

↶
Infekte haben keine Chance.

ZWIEBEL: Wie der Knoblauch leistet dieses vielseitige Nahrungsmittel Enormes für die Gesundheit. Wer es isst, beugt Herzerkrankungen und Schlaganfall vor. Die antibiotischen Inhaltsstoffe schützen vor Infekten und bekämpfen Entzündungen bei Bronchitis und Asthma.

Ich denke, jetzt wissen Sie genug, um sich gesund und genussvoll nach kaukasischer Art zu ernähren. Was noch mehr Spaß macht: Laden Sie Ihre Freunde zu einem kaukasischen Essen ein und tischen Sie Ihre neuen Erkenntnisse gleich am praktischen Beispiel auf.

Fachausdrücke und Bezugsquellen

AYRAN: aserbeidschanisch-türkisches Sommergetränk aus Jogurt, Mineralwasser, Salz und Minzeblättern. In Armenien unter dem Namen Tan bekannt.
Sie können es leicht selbst herstellen (s. S. 34).

BULGUR (Weizenschrot): vorgedünsteter, getrockneter und grob gemahlener Weizen. Je nach Gericht wird er eingeweicht, bei Suppen jedoch gleich eingerührt (ca. 15 Minuten Kochzeit). Sie bekommen ihn in Reformhäusern.

FETA: eigentlich weißer griechischer Weichkäse. Er wird bei uns als dänischer Weichkäse mit 45 % Fettanteil angeboten, hergestellt aus Kuhmilch. Sie bekommen den echten Feta in türkischen Spezialgeschäften. Feta entspricht dem türkischen Halloumi. Versandadressen für Halloumi erfahren Sie über die Botschaft von Zypern, Friedrichstr. 42–44, 50676 Köln.

GRANATAPFELSAFT: Kaukasier gewinnen ihn aus den Früchten des Granatapfelbaums und nehmen ihn für Fleischsaucen, z. B. zu Wild. Zu kaufen in türkischen und persischen Spezialgeschäften.

KEFIR: ein jogurtähnliches, vergorenes Getränk. Die gleichzeitig alkoholische und milchsaure Gärung wird von verschiedenen Hefepilzen und Bakterien bewirkt. Ursprünglich wurde Kefir im Kaukasus, in Sibirien und Südrussland nicht aus Kuhmilch, sondern aus Stutenmilch hergestellt, bekannt unter dem Namen Koumiss.
Kefir finden Sie heute in fast jedem Supermarkt.

KURKUMA: Gelbwurz, ein Ingwergewächs. Der Wurzelstock liefert das gelbe Gewürz.
Sie können ihn in gut sortierten Kaufhäusern, Supermärkten und in Reformhäusern kaufen.

LAPPE: flache gelbe Kichererbsen-Art.
Sie ist in orientalischen Geschäften erhältlich.

PFEILWURZPULVER (arrowroot): Bindemittel für Saucen, das aus den stärkehaltigen Wurzelstöcken der westindischen Maranta (Pfeilwurz) gewonnen wird.
In Reformhäusern.

ROSENWASSER: Wird für Desserts, Gebäck und Erfrischungsgetränke verwendet.
In türkischen oder persischen Spezialgeschäften werden Sie fündig.

TAHINA: Sesampaste aus fein gemahlenem Sesamsamen. Tahina wird als Brotaufstrich, als Beigabe zu Saucen, für Vorspeisen (als Püree) und zu Desserts benutzt. Sesamsamen wird an Suppen und Gebäck gegeben.
Sie finden Tahina in Reformhäusern.

TAN: Siehe Ayran. Statt Jogurt können Sie auch Kefir oder Buttermilch mit Mineralwasser auffüllen.

TARAMA: Rogen, d. h. Fischeier. Wichtig als Beigabe für Vorspeisen und Salate. Am bekanntesten ist er bei uns als Kaviar (Rogen vom Stör). Tarama wird auch als sahnige Fertigpaste angeboten: Rogen, angereichert mit pürierten Oliven, Paprika- und Möhrenstückchen.
Türkische Spezialgeschäfte führen Tarama.

TARHANA: gesalzene Paste aus getrocknetem Jogurt, die für Suppen verwendet wird.
Zu kaufen in türkischen Spezialgeschäften, auch unter dem Namen Gurud. In persischen Geschäften unter der Bezeichnung Kaschk bekannt.

WEINBLÄTTER: Eingelegte Weinblätter im Glas bekommen Sie in türkischen Spezialgeschäften, die mitunter auch frische Weinblätter anbieten.

Rezeptverzeichnis

Anis-Tee 35
Aprikosen-Speise 56
Asche-Mast s. Gemüse-Eintopf mit Jogurt
Auberginen mit Jogurt 36
Ayran s. Jogurt-Getränk

Blumenkohl mit Sesam-Sauce 47
Bohnen mit Eiern 47
Borani s. Spinat mit Jogurt
Buchweizen-Pfannkuchen mit Spinat-Käse-Auflage 37
Bulgur s. Weizenschrot
Bunter Salat mit Schafskäse (Karabach-Salat) 45

Chatschapuri s. Käsebrot, georgisches
Dizi s. Lamm-Eintopf mit Kichererbsen
Eingelegte Aubergine 49
Eingelegter Knoblauch 50
Fasan auf georgische Art 25/26
Feigen in Granatapfel-Sauce 32
Feigen mit Orangen-Püree 57
Fleischklöße nach Täbreser Art (Kufte) 52
Gebratenes Hähnchen (Tapaka-Hähnchen) 54
Gefüllte Weinblätter (Jarpach Dolmassy) 37
Gekochtes Huhn mit Walnuss-Sauce 50
Gelber Reispudding (Ssari Schile) 58
Gemüse-Eintopf mit Jogurt (Asche-Mast) 42
Gemüsepfanne mit grünen Bohnen 49
Gemüsesuppe (Festmenü) 24
Gurken-Salat 44
Herissa s. Hühnergrütze
Honig-Getränk 35
Hühnergrütze (Herissa) 51
Jarpach Dolmassy (Gefüllte Weinblätter) 37
Jogurt-Getränk (Ayran) 35
Jogurt-Suppe (Mazunabur) 41
Käsebrot, georgisches (Chatschapuri) 58
Karabach-Salat s. Bunter Salat mit Schafskäse
Kardamom-Kaffee 32
Kaukasische Gemüsesuppe 39
Kaukasischer Borschtsch 43
Kaukasisches Rundbrot (Kuka) 59
Kaukasischer Salat mit Rogen 45
Kefir-Getränk 36
Kufte s. Fleischklöße
Lachsforelle mit Haselnuss-Sauce 54
Lamm-Eintopf mit Kichererbsen (Dizi) 42
Lammspieße, georgische (Schaschlyk) 53
Linsensuppe 40
Lobio s. Rote-Bohnen-Püree
Mandel-Jogurt-Suppe 40
Mango-Kefir-Drink 30
Mazunabur s. Jogurt-Suppe
Melonen-Getränk 36
Melonen-Jogurt 33
Melonen-Salat 57
Milchspeise mit Zimt 57
Milchsuppe mit Eiern und Kräutern à la Chfaf Lasuria 8
Omelette mit Fischrogen 33
Omelette mit Tarama s. Omelette mit Fischrogen

Orangen-Dessert 26
Paprika-Tomaten-Eier 34
Rotbarsch mit Gemüse-Füllung 55
Rote Bohnen-Püree (Lobio) 38
Rote Bohnen-Salat 46
Schaschlyk s. Lammspieße, georgische
Sellerie-Cocktail 30/31
Sesampaste (Tahina) mit Eiern 39
Spargelsuppe 30
Spinat mit Jogurt (Borani) 48
Spinat-Walnuss-Püree 24/25
Ssari Schile s. Gelber Reispudding
Tahina s. Sesampaste
Tapaka-Hähnchen s. Gebratenes Hähnchen
Tarhana-Paprika-Suppe 41
Vollkornbrot & Co. 34
Weißkohl-Salat mit Minze 46
Weizenbrei 34
Weizenschrot (Bulgur) mit Gemüse 48
Wolfsbarsch mit Safran-Sauce 31/32
Zakuski-Tafel 27
Zander mit Tomaten-Sauce 56

Literatur

Friedrich Bodenstedt: Tausendundein Tag im Orient. Societäts-Verlag, Frankfurt am Main, 1992.

Alexandre Dumas: Gefährliche Reise in den wilden Kaukasus, 1858–1859. Edition Erdmann in K. Thienemanns Verlag, Stuttgart und Wien, 1995.

Pawel Florenski: Meinen Kindern, Erinnerungen an eine Jugend im Kaukasus. Verlag Urachhaus, Stuttgart, 1993.

Alfred Renz: Kaukasus. Georgien. Aserbaidschan. Armenien. Prestel-Verlag, München 1985.

Michail Shengelia und Wolfgang Wirth: Volk ohne Krankheit. Die Schätze der Georgischen Volks- und Klostermedizin. W. Ennsthaler Verlag, Steyr (Österreich), 1992.

Morvyth Williams-Sarkisian und Barbara Apisson: Die Kaukasus-Diät. SV International, Schweizer Verlagshaus Zürich, 1983.

Fachliche Beratung: Djamschid Tawakol-Khodai